O CARTE DE BUCATE CU CREMĂ DE MENTĂ

Descoperiți versatilitatea Crème de Menthe cu o colecție de 100 de rețete

CAMELIA BÎRSAN

Material cu drepturi de autor ©2024

Toate drepturile rezervate

Nicio parte a acestei cărți nu poate fi folosită sau transmisă sub nicio formă sau prin orice mijloc fără acordul scris corespunzător al editorului și al proprietarului drepturilor de autor, cu excepția citatelor scurte utilizate într-o recenzie. Această carte nu trebuie considerată un substitut pentru sfaturi medicale, juridice sau alte sfaturi profesionale.

CUPRINS

CUPRINS 3
INTRODUCERE 6
MIC DEJUN ȘI BRUNCH 7
   1. Clătite cu ciocolată Creme de Menthe 8
   2. cu creme de menthe 10
   3. Creme de Menthe Vafe de ciocolată 12
   4. Creme de Menthe Mic dejun Parfait 14
   5. Croissant de ciocolată cu creme de menthe 16
   6. Creme de Menthe cu avocado 18
   7. Creme de Menthe 20
   8. Clătite cu ciocolată cu mentă 22
   9. Vafe cu ciocolată cu mentă 24
   10. Scones de mentă 26
   11. Pâine prăjită cu mentă și ricotta 28
   12. Brioșe cu cremă de mentă 30
   13. Smoothie pentru micul dejun Creme de Menthe 32
   14. Creme de Menthe Banana Bread 34
   15. Creme de Menthe Crepe de mic dejun 36
   16. Creme de Menthe Mic dejun Fulgi de ovaz 38
   17. Caserolă pentru Mic dejun Creme de Menthe 40
GUSTĂRI ȘI APERITIVE 42
   18. Creme de Menthe Creme Puffs 43
   19. Creme de menthe biscuite fără coacere 46
   20. Prajituri Andes Creme de Menthe cu crema de branza 48
   21. Dip de ciocolată cu mentă 50
   22. Frigarui de creveti la gratar 52
   23. Trufe de ciocolată cu mentă 54
   24. Prajituri Andes Crème De Menthe 56
   25. Creme de Menthe Batoane 58
   26. Salată de mentă și fructe de pădure 60
   27. Creme de Menthe Cheesecake Bites 62
   28. Creme de Menthe Ciocolata Capsuni 64
   29. Creme de Menthe Brownie Bites 66
   30. Creme de Menthe Scoarță de ciocolată 68
   31. Creme de Menthe Fudge de ciocolată cu mentă 70
   32. Creme de Menthe Covrigi acoperiți cu ciocolată: 72
   33. Creme de Menthe Popcorn cu ciocolată și mentă 74
   34. Creme de Menthe Rice Krispie Treats 76
FORM PRINCIPAL 78
   35. Salată de quinoa gintă 79

36. CREME DE MENTHE GLAZED SOMON 81
37. RISOTTO CU CIUPERCI CU CREME DE MENTHE 83
38. CREME DE MENTHE PUI ALFREDO 85
39. MUSCHIU DE PORC GLAZURAT CREME DE MENTHE 87
40. CREME DE MENTHE CREVEȚI LINGUINE 89
41. SE PRĂJEȘTE CARNE DE VITĂ CREME DE MENTHE 91
42. PASTE DE LEGUME CREME DE MENTHE 93

DESERT ȘI DULCIURI 95

43. GRASSHOPPER BROWNIES SUPREME 96
44. ÎNGHEȚATĂ DE MENTĂ PROASPĂTĂ DE GRĂDINĂ 99
45. PLACINTĂ ESPRESSO CU CIOCOLATĂ ȘI MENTĂ 101
46. CREME DE MENTHE PARFAIT 103
47. CU CREMA DE MENTA 105
48. CREME DE MENTHE MOUSSE DE CIOCOLATĂ 107
49. CREME DE MENTHE ICE CREAM FLOAT 109
50. CHEESECAKE CU CIOCOLATĂ CREME DE MENTHE 111
51. FONDUE DE CIOCOLATĂ CREME DE MENTHE 113
52. PLĂCINTĂ DE LIME CU CREMĂ DE MENTĂ 115
53. SUFLEU BROWNIE CU CREMA DE MENTA 118
54. INGHETATA DE MENTA OREO 120
55. MOUSSE DE CHEESECAKE CU CHIP DE MENTĂ 122
56. TORT GELATO CU BEZEA CU BEZEA 125
57. CREME DE MENTHE CHOCOLATE TRIFLE 127
58. CREME DE MENTHE GRASSHOPPER PIE 129
59. BISCUIȚI CU CIOCOLATĂ CREME DE MENTHE 131

CONDIMENTE 133

60. CREME DE MENTHE SOS DE MENTĂ 134
61. CREME DE MENTHE JELEU DE MENTĂ 136
62. CREME DE MENTHE PESTO DE MENTĂ 138
63. CREME DE MENTHE MINT CHIMICHURRI 140
64. CREME DE MENTHE MINT SALSA 142
65. DIP PESTO DE MENTĂ 144
66. SOS DE IAURT CU MENTĂ 146
67. AIOLI DE MENTĂ 148
68. MUȘTAR DE MENTĂ 150

COCKTAILURI 152

69. COCKTAIL TEQUILA DEGERAT 153
70. BĂUTURĂ OREO CU CIOCOLATĂ ȘI MENTĂ 155
71. ANIVERSARE CREAMY DELIGHT 157
72. SHOTS DE ÎNGHEȚATĂ CREME DE MENTHE 159
73. CEAȚA LONDREI 161
74. STINGER 163
75. FRUMUSETE AMERICANA 165

76. Ridică-te Iubirea Mea 167
77. Monte Carlo 169
78. Pall Mall Martini 171
79. Aisberg 173
80. Mint Patty Martini 175
81. Lăcustă zburătoare 177
82. Mocha Frappe mixt 179
83. Lăcustă de cafea 181
84. Frappe complet alb 183
85. Îngerul irlandez 185
86. Bushmills Irish Coffee 187
87. Lăcustă Cappuccino 189
88. Shake espresso cu mentă și cacao 191
89. Cafea Kahlúa Crème De Menthe 193
90. Stinger de ciocolată 195
91. Inger decazut.. 197
92. Swizzle verde 199
93. Shamrock 201
94. Smoothie cu ciocolată cu mentă 203
95. Ceai de mentă Boba 205
96. Creme de Menthe Sparkler 207
97. Creme de Menthe White Russian 209
98. Creme de Menthe Fizz.... 211
99. Creme de Menthe Daiquiri 213
100. Creme de Menthe Margarita........215

CONCLUZIE 217

INTRODUCERE

Bine ați venit la „O carte de bucate cu cremă de mentă", unde explorăm versatilitatea încântătoare a acestei lichior vibrante și răcoritoare printr-o colecție de 100 de rețete delicioase. Crème de Menthe, cu nuanța sa verde strălucitoare și aroma crocantă de mentă, este un ingredient îndrăgit în cocktailuri și deserturi, dar potențialul său culinar se extinde cu mult dincolo de bar. În această carte de bucate, sărbătorim aroma unică și versatilitatea creme de menthe, arătându-și capacitatea de a ridica atât mâncărurile dulci, cât și sărate cu o explozie de prospețime rece de mentă.

În această carte de bucate, veți descoperi o gamă variată de rețete care evidențiază aroma vibrantă și aroma răcoritoare a cremei de menthe. De la cocktailuri clasice și deserturi decadente până la sosuri sărate și marinate, fiecare rețetă este creată pentru a prezenta caracteristicile unice ale acestui îndrăgit lichior. Fie că sunteți un fan al mojito-urilor cu mentă, al plăcintelor cu lăcuste îngăduitoare sau al mâncărurilor savuroase cu o notă de mentă, există ceva de care să se bucure toată lumea în această colecție.

Ceea ce distinge „O carte de bucate cu cremă de mentă" este accentul pus pe creativitate și inovație. În timp ce crème de menthe este adesea asociată cu cocktail-uri și deserturi, această carte de bucate provoacă noțiunile tradiționale, explorându-și potențialul într-o gamă largă de aplicații culinare. Cu culoarea verde strălucitoare și aroma revigorantă, crème de menthe adaugă o notă unică atât preparatelor dulci, cât și sărate, făcându-l un ingredient versatil atât pentru bucătarii de casă, cât și pentru bucătarii profesioniști.

Pe parcursul acestei cărți de bucate, veți găsi sfaturi practice pentru a găti cu crème de menthe, precum și fotografii uimitoare pentru a vă inspira creațiile culinare. Fie că găzduiești un cocktail, pregătiți un desert special sau experimentați noi combinații de arome în bucătărie, „O carte de bucate cu cremă de mentă" vă invită să vă dezlănțuiți creativitatea și să descoperiți posibilitățile delicioase ale acestei lichioruri iconice.

MIC DEJUN ȘI BRUNCH

1. Clătite cu ciocolată Creme de Menthe

INGREDIENTE:
- 1 cană de făină universală
- 1 lingura zahar
- 1 lingurita praf de copt
- ½ lingurita de bicarbonat de sodiu
- ¼ lingurita sare
- ¼ cană cremă de lichior de menthe
- ¼ cană lapte
- ¼ cană chipsuri de ciocolată
- 1 ou
- 2 linguri de unt topit
- Frisca (optional)
- Sos de ciocolata (optional)

INSTRUCȚIUNI:
a) Într-un castron, combinați făina, zahărul, praful de copt, bicarbonatul de sodiu și sarea.
b) Într-un castron separat, amestecați crema de mentă, laptele, oul și untul topit.
c) Turnați ingredientele umede în ingredientele uscate și amestecați până se omogenizează. Nu amestecați în exces; unele bulgări sunt în regulă.
d) Încorporați ușor fulgii de ciocolată.
e) Încingeți o grătar sau tigaie antiaderentă la foc mediu și ungeți-o ușor cu unt sau spray de gătit.
f) Turnați ¼ de cană porții din aluatul de clătite pe grătar și gătiți până când se formează bule la suprafață. Întoarceți și gătiți cealaltă parte până devine maro auriu.
g) Serviți clătitele cu o praf de frișcă și un strop de sos de ciocolată, dacă doriți. De asemenea, puteți adăuga un strop de creme de menthe la frișcă pentru o notă de mentă suplimentară.

2.cu creme de menthe

INGREDIENTE:
- 4 felii de pâine
- 2 oua
- ¼ cană lapte
- 2 linguri creme de menthe lichior
- ½ linguriță extract de vanilie
- ¼ lingurita de scortisoara macinata
- Unt pentru gătit
- Zahăr pudră (pentru pudrat)

INSTRUCȚIUNI:
a) Într-un vas puțin adânc, amestecați ouăle, laptele, crema de mentă, extractul de vanilie și scorțișoara măcinată.
b) Încinge o tigaie sau grătar la foc mediu și topește puțin unt în ea.
c) Înmuiați fiecare felie de pâine în amestecul de ouă, asigurându-vă că ambele părți sunt bine acoperite.
d) Așezați feliile de pâine acoperite pe tigaia fierbinte și gătiți până devin aurii pe ambele părți.
e) Pudrați pâinea prăjită cu zahăr pudră și serviți cu un strop de sirop de creme de menthe (amestecați creme de menthe cu zahăr pudră până ajunge la consistența dorită).

3. Creme de Menthe Vafe de ciocolată

INGREDIENTE:
- 1 cană de făină universală
- ¼ cană pudră de cacao neîndulcită
- 2 linguri de zahar
- 1 ½ linguriță de praf de copt
- ½ lingurita de bicarbonat de sodiu
- ¼ lingurita sare
- ¼ cană cremă de lichior de menthe
- ¼ cană lapte
- ¼ cană zară
- 1 ou
- 2 linguri de unt topit
- ¼ cană mini chipsuri de ciocolată
- Frișcă și așchii de ciocolată pentru topping

INSTRUCȚIUNI:
a) Într-un castron, amestecați făina, pudra de cacao, zahărul, praful de copt, bicarbonatul de sodiu și sarea.
b) Într-un alt bol, combinați crema de mentă, laptele, zara, oul și untul topit.
c) Turnați ingredientele umede în ingredientele uscate și amestecați până se omogenizează bine.
d) Încorporați ușor mini-chipsurile de ciocolată.
e) Preîncălziți fierul de vafe și ungeți-l ușor cu spray de gătit.
f) Turnați aluatul de vafe pe fierul de vafe preîncălzit și gătiți conform instrucțiunilor producătorului până când vafele sunt crocante și maro.
g) Serviți vafele de ciocolată cu creme de menthe cu o praf de frișcă și așchii de ciocolată.

4.Creme de Menthe Mic dejun Parfait

INGREDIENTE:
- 1 cană iaurt vanilie
- 2 linguri creme de menthe lichior
- ½ cană granola
- ½ cană fructe de pădure proaspete (căpșuni, afine sau zmeură)
- Frunze de mentă proaspătă pentru decor

INSTRUCȚIUNI:
a) Într-un castron amestecați lichiorul de creme de menthe cu iaurtul de vanilie.
b) În pahare sau boluri de servire, puneți în strat iaurt creme de menthe, granola și fructe de pădure proaspete.
c) Repetați straturile până când paharul se umple, terminând cu o praf de iaurt deasupra.
d) Se ornează cu frunze de mentă proaspătă.

5. Croissant de ciocolată cu creme de menthe

INGREDIENTE:
- 4 mini cornuri
- ¼ cană cremă de lichior de menthe
- ¼ cană chipsuri de ciocolată
- 2 linguri de zahar pudra (pentru pudrat)

INSTRUCȚIUNI:
a) Preîncălziți cuptorul la 350°F (175°C).
b) Tăiați fiecare mini croissant în jumătate pe lungime, creând un vârf și un jos.
c) Peste jumătățile inferioare ale cornurilor se stropesc lichiorul de creme de menthe.
d) Presărați fulgii de ciocolată uniform peste jumătățile de croissant înmuiate în lichior.
e) Așezați jumătățile superioare înapoi pe partea inferioară pentru a crea sandvișuri.
f) Înfășurați fiecare sandwich croissant în folie de aluminiu.
g) Coacem in cuptorul preincalzit pentru aproximativ 10 minute, sau pana cand croissantele sunt calde si ciocolata este topita.
h) Pudrați cu zahăr pudră și serviți cald.

6.Creme de Menthe cu avocado

INGREDIENTE:
- 2 felii de pâine integrală
- 1 avocado copt
- 1 lingura lichior de creme de menthe
- 1 lingurita suc de lamaie
- Sare si piper dupa gust
- Fulgi de ardei roșu (opțional)
- Frunze de mentă proaspătă pentru decor

INSTRUCȚIUNI:
a) Prăjiți feliile de pâine integrală până devin crocante și aurii.
b) Într-un castron, zdrobiți avocado copt cu lichior de creme de menthe și suc de lămâie.
c) Asezonați amestecul de avocado cu sare, piper și fulgi de ardei roșu (dacă vă place puțină căldură).
d) Întindeți uniform amestecul de creme de menthe de avocado pe feliile de pâine prăjită.
e) Decorați cu frunze de mentă proaspătă pentru o explozie de prospețime.
f) cu creme de menthe unică și cremoasă .

7. Creme de Menthe

INGREDIENTE:
- Fructe proaspete asortate (de exemplu, căpșuni, kiwi, ananas și struguri), tocate sau feliate
- 2 linguri creme de menthe lichior
- 1 lingura miere
- Frunze de mentă proaspătă pentru decor

INSTRUCȚIUNI:
a) Într-un castron mare, combinați fructele proaspete asortate.
b) Într-un castron mic separat, amestecați lichiorul de creme de menthe și mierea.
c) Stropiți crema de mentă și amestecul de miere peste salata de fructe și amestecați ușor pentru a acoperi fructele.
d) Se ornează cu frunze de mentă proaspătă.
e) Servește-ți salata de fructe cu cremă de menthe ca opțiune de mic dejun răcoritoare și vibrantă.

8.Clătite cu ciocolată cu mentă

INGREDIENTE:
- 1 ½ cană de făină universală
- 2 linguri de zahar
- 2 lingurite praf de copt
- ¼ lingurita sare
- 1 ¼ cană de lapte
- 1 ou
- 2 linguri de unt nesarat, topit
- ½ linguriță cremă de mentă lichior
- ½ cană chipsuri de ciocolată
- ¼ cană frunze de mentă proaspătă tocate
- Frisca (optional)

INSTRUCȚIUNI:
a) Într-un castron mare, amestecați făina, zahărul, praful de copt și sarea.
b) Într-un castron separat, amestecați laptele, oul, untul topit și lichiorul creme de menthe.
c) Adăugați ingredientele umede la ingredientele uscate și amestecați până când se combină.
d) Încorporați fulgii de ciocolată și frunzele de mentă tocate.
e) Se încălzește o tigaie antiaderență sau o grătar la foc mediu.
f) Pune aproximativ ¼ de cană de aluat pe clătită pe tigaie sau pe grătar.
g) Gătiți până când marginile clătitelor sunt uscate și suprafața este clocotită, apoi întoarceți și gătiți încă 1-2 minute până când clătitele sunt gătite.
h) Repetați cu aluatul rămas.
i) Serviți clătitele fierbinți cu frișcă, dacă doriți.
j) Bucurați-vă!

9.Vafe cu ciocolată cu mentă

INGREDIENTE:
- 1 ½ cană de făină universală
- ¼ cană pudră de cacao
- 2 linguri de zahar
- 2 lingurite praf de copt
- ½ lingurita de bicarbonat de sodiu
- ½ lingurita sare
- 1 ½ cană de zară
- ¼ cană ulei vegetal
- 2 oua
- 1 lingurita lichior creme de menthe
- ¼ cană frunze de mentă proaspătă tocate
- Frisca si chipsuri de ciocolata pentru topping (optional)

INSTRUCȚIUNI:
a) Într-un castron mare, amestecați făina, pudra de cacao, zahărul, praful de copt, bicarbonatul de sodiu și sarea.
b) Într-un castron separat, amestecați zara, uleiul vegetal, ouăle și lichiorul creme de menthe.
c) Adăugați ingredientele umede la ingredientele uscate și amestecați până când se combină.
d) Incorporati frunzele de menta tocate.
e) Preîncălziți un fier de vafe și pulverizați cu spray de gătit.
f) Turnați aluatul în fierul de vafe și gătiți conform instrucțiunilor producătorului.
g) Serviți vafele acoperite cu frișcă și fulgi de ciocolată, dacă doriți, și bucurați-vă!

10. Scones de mentă

INGREDIENTE:
- 2 căni de făină universală
- ¼ cană zahăr
- 1 lingura praf de copt
- ¼ lingurita sare
- ½ cană de unt nesărat, rece și tăiat în bucăți mici
- ½ cană frunze de mentă proaspătă tocate
- ⅔ cană smântână groasă
- 1 ou mare
- 1 lingurita lichior creme de menthe

INSTRUCȚIUNI:
a) Preîncălziți cuptorul la 400 ° F și tapetați o tavă de copt cu hârtie de copt.
b) Într-un castron mare, amestecați făina, zahărul, praful de copt și sarea.
c) Tăiați untul folosind un blender de patiserie sau degetele până când amestecul seamănă cu firimituri grosiere.
d) Se amestecă frunzele de mentă tocate.
e) Într-un castron separat, amestecați smântâna groasă, oul și lichiorul creme de menthe.
f) Adăugați ingredientele umede la ingredientele uscate și amestecați până când amestecul se reunește pentru a forma un aluat.
g) Întoarceți aluatul pe o suprafață ușor făinată și frământați scurt.
h) Pat aluatul într-un cerc de aproximativ 1 inch grosime.
i) Tăiați cercul în 8 feli.
j) Puneți feliile pe foaia de copt pregătită.
k) Coaceți timp de 18-20 de minute sau până când scones sunt ușor aurii și gătiți.
l) Lăsați scones-urile să se răcească câteva minute înainte de a le servi.
m) Bucurați-vă!

11. Pâine prăjită cu mentă și ricotta

INGREDIENTE:
- 2 felii de pâine integrală, prăjită
- ½ cană de brânză ricotta
- ¼ cană frunze de mentă proaspătă
- 1 lingurita lichior creme de menthe
- 1 lingurita miere
- Vârf de cuțit de sare

INSTRUCȚIUNI:
a) Într-un castron mic, amestecați brânza ricotta, frunzele de mentă, lichiorul creme de menthe, mierea și sarea.
b) Întindeți amestecul de ricotta uniform pe feliile de pâine prăjită.
c) Serviți imediat și bucurați-vă!

12. Brioșe cu cremă de mentă

INGREDIENTE:
- 2 căni de făină universală
- 1/2 cană zahăr
- 1 lingura praf de copt
- Vârf de cuțit de sare
- 1 cană lapte
- 1/3 cană ulei vegetal
- 2 oua
- 1 lingurita extract de vanilie
- 1/4 cană lichior Creme de Menthe
- 1/2 cană frunze de mentă proaspătă tocate

INSTRUCȚIUNI:
a) Preîncălziți cuptorul la 375 ° F (190 ° C) și tapetați o tavă de brioșe cu folii de hârtie.
b) Într-un castron, combinați făina universală, zahărul, praful de copt și sarea.
c) Într-un alt castron, amestecați laptele, uleiul vegetal, ouăle și extractul de vanilie până se combină bine.
d) Adăugați treptat ingredientele umede la ingredientele uscate, amestecând până se combină.
e) Se amestecă lichiorul Creme de Menthe și frunzele de mentă proaspătă tocate.
f) Împărțiți aluatul uniform între cupele de brioșe și coaceți timp de 18-20 de minute, sau până când o scobitoare introdusă în centru iese curată.
g) Lăsați brioșele să se răcească în tavă câteva minute înainte de a le transfera pe un grătar pentru a se răci complet.

13. Smoothie pentru micul dejun Creme de Menthe

INGREDIENTE:
- 1 banană coaptă
- 1/2 cană iaurt grecesc simplu
- 1/2 cană frunze de spanac
- 1/4 cană lichior Creme de Menthe
- 1/2 cană lapte (lactate sau pe bază de plante)
- O mână de cuburi de gheață
- Crengute de menta proaspata pentru garnitura (optional)

INSTRUCȚIUNI:
a) Într-un blencer, combinați banana, iaurtul grecesc, frunzele de spanac, lichiorul Creme de Menthe, laptele și cuburile de gheață.
b) Amestecați până când este omogen și cremos, adăugând mai mult lapte dacă este necesar pentru a obține consistența dorită.
c) Se toarnă smoothie-ul în pahare și se ornează cu crenguțe de mentă proaspătă, dacă se dorește.
d) Serviți imediat.

14. Creme de Menthe Banana Bread

INGREDIENTE:
- 2 banane coapte, piure
- 1/2 cană lichior Creme de Menthe
- 1/3 cană unt topit
- 1/2 cană zahăr
- 1 ou
- 1 lingurita extract de vanilie
- 1 1/2 cani de faina universala
- 1 lingurita bicarbonat de sodiu
- 1/2 lingurita sare
- Opțional: 1/2 cană nuci tocate (cum ar fi nuci sau nuci pecan)

INSTRUCȚIUNI:
a) Preîncălziți cuptorul la 350°F (175°C). Ungeți o tavă de 9 x 5 inci.
b) Într-un castron mare, combinați piureul de banane și lichiorul Creme de Menthe.
c) Se amestecă untul topit, zahărul, oul și extractul de vanilie până se combină bine.
d) Într-un castron separat, amestecați făina, bicarbonatul de sodiu și sarea.
e) Adăugați treptat ingredientele uscate la ingredientele umede, amestecând până se combină. Îndoiți nucile tocate, dacă folosiți.
f) Turnați aluatul în tava de pâine pregătită și neteziți partea superioară.
g) Coaceți 50-60 de minute, sau până când o scobitoare introdusă în centru iese curată.
h) Lăsați pâinea cu banane să se răcească în tavă timp de 10 minute, apoi transferați-o pe un grătar pentru a se răci complet înainte de a o feli.

15. Creme de Menthe Crepe de mic dejun

INGREDIENTE:
- 1 cană de făină universală
- 2 oua
- 1/2 cană lapte
- 1/2 cană apă
- 2 linguri de unt topit
- 2 linguri de lichior Creme de Menthe
- Vârf de cuțit de sare
- Spray de gătit sau unt topit suplimentar, pentru gătit
- Fructe de padure proaspete si frisca, pentru servire

INSTRUCȚIUNI:
a) Într-un blender, combinați făina, ouăle, laptele, apa, untul topit, lichiorul Creme de Menthe și sarea. Se amestecă până la omogenizare.
b) Încinge o tiga e antiaderentă sau o tigaie pentru creponare la foc mediu. Ungeți ușor tigaia cu spray de gătit sau unt topit.
c) Turnați aprox mativ 1/4 de cană de aluat în tigaie, rotind pentru a acoperi uniform fundul.
d) Gatiti 1-2 minute, sau pana cand marginile incep sa se ridice si fundul este usor auriu.
e) Întoarceți cu grijă crepea și gătiți încă 1-2 minute pe cealaltă parte.
f) Repetați cu aluatul rămas, stivuind crepurile gătite pe o farfurie pe măsură ce mergeți.
g) Serviți crepele calde, umplute cu fructe de pădure proaspete și acoperite cu frișcă.

16. Creme de Menthe Mic dejun Fulgi de ovaz

INGREDIENTE:
- 1 cană de ovăz rulat
- 2 căni de lapte (lactate sau pe bază de plante)
- 1/4 cană lichior Creme de Menthe
- 2 linguri miere sau sirop de arțar
- 1/4 lingurita extract de vanilie
- Vârf de cuțit de sare
- Banane tăiate felii, chipsuri de ciocolată și nuci tăiate pentru topping

INSTRUCȚIUNI:
a) Într-o cratiță, combinați ovăzul rulat, laptele, lichiorul Creme de Menthe, mierea sau siropul de arțar, extractul de vanilie și sarea.
b) Aduceți amestecul la fiert la foc mediu, amestecând din când în când.
c) Reduceți focul la mic și continuați să gătiți, amestecând des, timp de 5-7 minute, sau până când fulgii de ovăz devin grosi și cremos.
d) Se ia de pe foc si se lasa un minut sau doua sa se ingroase si mai mult.
e) Serviți fulgii de ovăz fierbinți, acoperiți cu banane feliate, fulgi de ciocolată și nuci tăiate.
f) Bucurați-vă de fulgi de ovăz Creme de Menthe!

17. Caserolă pentru Mic dejun Creme de Menthe

INGREDIENTE:
- 6 felii de paine, taiate cubulete
- 1 cană brânză cheddar mărunțită
- 1 cană de cârnați sau slănină fiert și mărunțit
- 6 ouă
- 1 1/2 cani de lapte
- 1/4 cană lichior Creme de Menthe
- 1 linguriță pudră de muștar
- Sare si piper dupa gust
- Opțional: ierburi proaspete tocate (cum ar fi pătrunjel sau arpagic)

INSTRUCȚIUNI:
a) Preîncălziți cuptorul la 350°F (175°C). Ungeți o tavă de copt de 9 x 13 inci.
b) Întindeți cuburile de pâine uniform în fundul vasului de copt. Presărați brânza mărunțită și cârnați sau slănină fierte peste pâine.
c) Într-un castron mare, amestecați ouăle, laptele, lichiorul Creme de Menthe, pudra de muștar, sarea și piperul.
d) Turnați amestecul de ouă peste pâine, brânză și carne în vasul de copt.
e) Apăsați ușor pe pâine pentru a vă asigura că este complet înmuiată în amestecul de ouă.
f) Acoperiți tava de copt cu folie de aluminiu și coaceți timp de 30 de minute.
g) Scoateți folia și coaceți încă 15-20 de minute, sau până când caserola este întărită și blatul este maro auriu.
h) Lăsați caserola să se răcească câteva minute înainte de a tăia și a servi.
i) Decorați cu ierburi proaspete tocate, dacă doriți.

GUSTĂRI ȘI APERITIVE

18. Creme de Menthe Creme Puffs

INGREDIENTE:
- 1¼ cană apă
- ⅔ cană unt, tăiat cubulețe
- 1¼ cani de faina universala
- 5 ouă mari, la temperatura camerei

UMPLERE:
- 2 cesti de frisca grea pentru frisca
- ⅓ cană cremă verde de mentă

GLAZURĂ:
- ⅓ cană de unt, tăiat cubulețe
- 2 uncii de ciocolată neîndulcită, tocată
- 2 căni de zahăr de cofetă
- 1½ linguriță extract de vanilie
- 3 până la 6 linguri de apă fierbinte
- Zahăr de cofetari suplimentar, opțional

INSTRUCȚIUNI:

a) Într-o cratiță mare, aduceți apa și untul la fiert. Adăugați făina dintr-o dată și amestecați până se formează o bilă netedă. Se ia de pe foc; se lasa sa stea 5 minute.

b) Adaugam ouale cate unul, batand bine dupa fiecare adaugare. Continuați să bateți până când amestecul este omogen și strălucitor. Puneți lingurițe rotunjite la 2 inci una de cealaltă pe foi de copt unse.

c) Coaceți la 400° timp de 20-25 de minute sau până când se rumenesc. Scoateți pe rafturi de sârmă. Tăiați o mică fante pe partea laterală a fiecărui puf pentru a permite aburului să iasă. Pufuri reci.

d) Pentru umplutură, într-un castron mare, bateți smântâna până se formează vârfuri moi. Îndoiți crema de mentă. Introduceți aproximativ 1 lingură în fiecare puf. Dați la frigider până la 2 ore.

e) Pentru glazură, într-o cratiță mică, combinați untul și ciocolata. Gatiti si amestecati la foc mic pana se topesc. Se ia de pe foc. Folosind un tel, amestecați zahărul de cofetă, vanilia și suficientă apă pentru a obține consistența dorită pentru înmuiere. Se amestecă până se omogenizează și nu apar cocoloașe.

f) Pentru a asambla un copac: Separați pufuletele în funcție de dimensiune și formă, alegându-le pe cele mai plate pentru stratul de jos și pe cele mai mici pentru partea de sus. Înmuiați partea inferioară a celor mai plate 21 de pufuri în glazură. Așezați pe un 10-in. platou rotund de servire, în cercuri concentrice formând un cerc solid.

g) Pentru al doilea strat, scufundați fundul a 15 pufuri în glazură, apoi poziționați-le pe stratul de bază. Continuați să construiți copacul, folosind aproximativ 11 pufuri în al treilea strat, aproximativ 6 pufuri în al patrulea strat, aproximativ 4 pufuri în al cincilea strat și 1 puf deasupra.

h) Stropiți glazura rămasă peste copac, diluând cu apă fierbinte dacă este necesar.

i) Acoperiți lejer copacul cu folie de plastic și lăsați-l la frigider până la 2 ore. Dacă doriți, pudrați cu zahăr de cofetă chiar înainte de servire.

19. Creme de menthe biscuite fără coacere

INGREDIENTE:
- 12 uncii de firimituri de napolitană cu vanilie
- 3/4 cană nuci pecan tocate mărunt
- 1 cană de zahăr pudră
- 2 linguri sirop de porumb usor
- 1/3 - 1/2 cană cremă verde de mentă
- Zahăr pudră suplimentar

INSTRUCȚIUNI:
a) Combinați firimiturile de napolitană cu vanilie, nucile pecan tocate, 1 cană de zahăr pudră, sirop de porumb și crema de mentă, amestecând pentru a obține un aluat tare.
b) Rulați amestecul în bile de 1 inch, apoi rulați fiecare bilă în zahăr pudră suplimentar pentru a acoperi.

20. Prajituri Andes Creme de Menthe cu crema de branza

INGREDIENTE:
- ½ cană cremă de brânză moale
- ½ cană de unt moale
- 1 cană zahăr
- 1 ou
- ¼ lingurita sare
- ¼ linguriță de praf de copt
- 1 cană de făină
- 1 pachet Andes creme de menthe chipsuri de copt

INSTRUCȚIUNI:
a) Preîncălziți cuptorul la 350 de grade. Tapetați o foaie de prăjituri cu hârtie de copt sau pulverizați-o cu spray de gătit.
b) Într-un castron mare, bate crema de brânză și untul împreună. Bateți treptat zahărul la viteză medie până devine ușor și pufos. Se bate oul si sarea.
c) Se amestecă praful de copt și făina într-un castron mic, apoi se adaugă la amestecul de cremă de brânză. Se amestecă jumătate din punga de chipsuri Andes creme de menthe. Lăsați aluatul să se răcească la frigider pentru 30-60 de minute.
d) Puneți linguri rotunjite de aluat pe foaia de copt, la distanță de 2 inci. Rețineți că fursecurile se vor întinde destul de mult în timpul coacerii.
e) Coaceți la 350 de grade timp de 9-10 minute, până când marginile inferioare abia devin maro. Scoateți fursecurile și lăsați-le să se răcească.
f) Într-un castron mic, puneți la microunde chipsurile de creme de menthe rămase până se topesc. Peste fursecuri se stropesc ciocolata topita si se lasa sa se raceasca.

21.Dip de ciocolată cu mentă

INGREDIENTE:
- 1 cana crema de branza, moale
- ½ cană de zahăr pudră
- 2 linguri creme de menthe
- ½ cană mini chipsuri de ciocolată
- Frunze de mentă proaspătă pentru decor (opțional)

INSTRUCȚIUNI:
a) Într-un castron, combinați crema de brânză moale și zahărul pudră până se omogenizează.
b) Se amestecă crema de mentă până se omogenizează bine.
c) Încorporați mini chipsurile de ciocolată.
d) Dati la frigider cel puțin 30 de minute inainte de servire.
e) Decorați cu frunze proaspete de mentă dacă doriți. Serviți cu biscuiți graham sau covrigei.

22. Frigarui de creveti la gratar

INGREDIENTE:
- 1 kg de creveți mari, curățați și devenați
- ¼ cană ulei de măsline
- 2 linguri creme de menthe
- 2 catei de usturoi, tocati
- 1 lingurita coaja de lamaie
- Sare si piper dupa gust
- Frunze de mentă proaspătă pentru decor

INSTRUCȚIUNI:
a) Într-un castron, amestecați uleiul de măsline, crema de mentă, usturoiul tocat, coaja de lămâie, sare și piper.
b) Adăugați creveții decojiți și devenați la marinată, asigurându-vă că sunt bine acoperiți. Se lasa la marinat cel putin 15 minute.
c) Așezați creveții pe frigărui.
d) Preîncălziți grătarul la foc mediu-mare. Frigaruile de creveti la gratar timp de 2-3 minute pe fiecare parte sau pana cand sunt opace si fierte.
e) Se ornează cu frunze de mentă proaspătă înainte de servire. Serviți cu un sos de scufundare făcut cu cremă de mentă și un strop de lămâie dacă doriți.

23. Trufe de ciocolată cu mentă

INGREDIENTE:
- 8 uncii de ciocolată neagră, tocată fin
- ½ cană smântână groasă
- 2 linguri de unt nesarat
- 2 linguri creme de menthe
- Pudră de cacao pentru acoperire

INSTRUCȚIUNI:
a) Puneți ciocolata neagră tocată mărunt într-un bol termorezistent.
b) Într-o cratiță mică, încălziți smântâna groasă și untul la foc mediu până când începe să fiarbă.
c) Se toarnă amestecul de smântână fierbinte peste ciocolata tocată și se lasă să stea un minut. Se amestecă până se omogenizează și se combină bine.
d) Se amestecă crema de mentă până se încorporează complet.
e) Dați amestecul la frigider pentru cel puțin 2 ore sau până când este ferm.
f) Scoateți porții mici din amestec și rulați-le în bile de mărimea unei trufe.
g) Rulați trufele în pudră de cacao pentru a le acoperi. Se da la frigider pana este gata de servire.

24. Prajituri Andes Crème De Menthe

INGREDIENTE:
- 1/2 cană unt, înmuiat
- 3/4 cană zahăr brun
- 1/2 cană zahăr granulat
- 1 lingurita bicarbonat de sodiu
- 1 lingurita praf de copt
- 2 lingurite extract de vanilie
- 2 ouă mari
- Pachet de 10 uncii de chipsuri de copt cu mentă Andes
- 2 2/3 căni de făină universală

INSTRUCȚIUNI:
a) Preîncălziți cuptorul la 350°F Nu faceți acest lucru decât după ce aluatul a fost refrigerat.
b) Amestecați untul, zahărul brun, zahărul alb granulat, bicarbonatul de sodiu, praful de copt, vanilia și ouăle până când ingredientele sunt amestecate.
c) Adăugați Andes Baking Chips și amestecați.
d) Adăugați făina și continuați să amestecați până când toate ingredientele sunt bine amestecate.
e) Acoperiți și lăsați la frigider pentru 45-60 de minute.
f) Scoateți aproximativ 1 uncie de aluat per prăjitură.
g) Formați o minge și apoi aplatizați-o ușor.
h) Se aseaza pe tavi antiaderente si se coace aproximativ 8-10 minute.
i) Se răcește pe tigăi timp de 2 minute, apoi se scoate.

25. Creme de Menthe Batoane

INGREDIENTE:
- 1 ¼ cană de fursecuri Oreo zdrobite fin (aproximativ 14 fursecuri)
- 2 linguri de unt topit
- 1 lingurita gelatina fara aroma
- 1 ¾ cană lapte rece 2%, împărțit
- 20 de bezele mari
- creme de mer the verde
- 3 uncii de brânză cremă, înmuiată
- Pachet de 3,9 uncii de amestec de budincă de ciocolată instant
- 1 cană smântână grea pentru frișcă

INSTRUCȚIUNI:
a) Într-un castron mic, combinați fursecurile zdrobite și untul topit. Pune deoparte 3 linguri pentru topping. Apăsați amestecul rămas pe fundul unui 8-in uns. vas pătrat de copt. Se da la frigider pentru 30 de minute.
b) Într-un castron mare, sigur pentru cuptorul cu microunde, presară gelatină peste ½ cană de lapte rece; se lasa sa stea 1 minut. Puneți la microunde la putere maximă timp de 30-40 de secunde. Se amestecă până când gelatina este complet dizolvată. Adăugați marshmallows; puneți la microunde timp de 1-2 minute mai mult sau până când bezele sunt umflate.
c) Se amestecă până se omogenizează. Amestecați crema de mentă. Se da la frigider pentru 15-20 de minute sau până se răcește, dar nu se întărește, amestecând des.
d) Între timp, într-un castron mic, bate treptat crema de brânză până se omogenizează. Într-un alt castron, amestecați amestecul de budincă și laptele rece rămas (1 ¼ cani). Se bate treptat crema de branza.
e) Într-un castron mare, bate smântâna groasă până se formează vârfuri moi; se amestecă în amestecul de marshmallow. Puneti jumatate din amestec peste crusta pregatita; da la frigider pentru 10 minute.
f) Strat cu amestecul de budincă și amestecul de marshmallow rămas; deasupra cu firimiturile rezervate.
g) Se da la frigider pentru 2 ore sau pana se fixeaza.

26.Salată de mentă și fructe de pădure

INGREDIENTE:
- 2 cani de fructe de pădure amestecate
- ¼ cană frunze de mentă proaspătă tocate
- 1 lingura miere
- Creme de menthe
- ¼ cana nuci tocate (cum ar fi nuci sau migdale)

INSTRUCȚIUNI:
a) Într-un castron mare, combinați fructele de pădure amestecate și frunzele de mentă tocate.
b) Într-un castron mic, amestecați mierea și lichiorul creme de menthe.
c) Se toarnă amestecul de miere peste fructe de pădure și mentă și se amestecă.
d) Împărțiți salata în boluri și stropiți cu nuci tocate.
e) Serviți imediat și bucurați-vă!

27. Creme de Menthe Cheesecake Bites

INGREDIENTE:
- 8 uncii cremă de brânză, înmuiată
- 1/4 cană lichior Creme de Menthe
- 1/2 cană zahăr pudră
- 1/2 lingurita extract de vanilie
- 1 cană firimituri de prăjituri de ciocolată
- Așchii de ciocolată sau pudră de cacao pentru garnitură (opțional)

INSTRUCȚIUNI:
a) Într-un bol de mixare, bate crema de brânză până se omogenizează.
b) Adăugați treptat lichiorul Creme de Menthe, zahărul pudră și extractul de vanilie, bătând până se omogenizează bine.
c) Se amestecă firimiturile de biscuiți cu ciocolată până se distribuie uniform.
d) Rulați amestecul în bile mici și puneți-le pe o tavă de copt tapetată cu hârtie de copt.
e) Puneți la frigider mușcăturile de cheesecake pentru cel puțin 1 oră sau până când sunt ferme.
f) Dacă se dorește, se ornează cu așchii de ciocolată sau se pudrează cu pudră de cacao înainte de servire.

28. Creme de Menthe Ciocolata Capsuni

INGREDIENTE:
- Căpșuni proaspete
- 1/4 cană lichior Creme de Menthe
- 8 uncii de ciocolată semidulce, tocată
- Ciocolata alba pentru stropire (optional)

INSTRUCȚIUNI:
a) Clătiți căpșunile și uscați-le cu prosoape de hârtie.
b) Într-o cratiță mică, încălziți lichiorul Creme de Menthe la foc mic până când se încălzește, dar nu dă în clocot.
c) Puneți ciocolata semidulce tocată într-un bol termorezistent și turnați peste ea Creme de Menthe caldă. Lasam sa stea un minut, apoi amestecam pana cand ciocolata se topeste si se omogenizeaza.
d) Înmuiați fiecare căpșună în ciocolata topită, acoperind-o pe jumătate. Puneți căpșunile înmuiate pe o foaie de copt tapetată cu hârtie de copt.
e) Daca doriti, topiti ciocolata alba si turnati-o peste capsunile scufundate pentru decor.
f) Dă la frigider căpșun le acoperite cu ciocolată pentru aproximativ 30 de minute, sau până când ciocolata este întărită.
g) Serviți ca o gustare sau desert delicioasă și elegantă.

29. Creme de Menthe Brownie Bites

INGREDIENTE:
- 1 lot din aluatul preferat de brownie
- 1/4 cană lichior Creme de Menthe
- Ganache de ciocolată sau ciocolată topită pentru scufundare
- Bomboane sau stropi de mentă zdrobite pentru garnitură (opțional)

INSTRUCȚIUNI:
a) Preîncălziți cuptorul conform instrucțiunilor rețetei de brownie și pregătiți aluatul pentru brownie.
b) Se amestecă lichiorul Creme de Menthe până se încorporează bine.
c) Se toarnă aluatul de brownie într-o formă de mini-brioșe tapetată cu folii de hârtie, umplând fiecare aproximativ 3/4.
d) Coaceți mușcăturile de brownie conform instrucțiunilor rețetei sau până când o scobitoare introdusă în centru iese cu firimituri umede.
e) Lăsați mușcăturile de brownie să se răcească complet în tava de brioșe.
f) După ce s-au răcit, scoateți mușcăturile de brownie din forma de brioșe și înmuiați blaturile în ganache de ciocolată sau ciocolată topită.
g) Deasupra se presara bomboane sau stropi de menta zdrobite, daca se doreste, inainte ca ciocolata sa se apuce.
h) Lăsați ciocolata să se întărească înainte de servire.

30. Creme de Menthe Scoarță de ciocolată

INGREDIENTE:
- 12 uncii de ciocolată neagră, tocată
- 1/4 cană lichior Creme de Menthe
- 1/2 cana nuci tocate (cum ar fi migdale sau fistic)
- 1/4 cană de merișoare sau cireșe uscate
- Sare de mare pentru stropire (optional)

INSTRUCȚIUNI:
a) Tapetați o foaie de copt cu hârtie de copt.
b) Într-un castron termorezistent pus peste o oală cu apă clocotită (boiler dublu), topește ciocolata neagră, amestecând până se omogenizează.
c) Se amestecă lichiorul Creme de Menthe până se combină bine.
d) Se toarnă amestecul de ciocolată topită pe foaia de copt pregătită și se întinde uniform cu o spatulă.
e) Presarati uniform peste ciocolata nucile tocate si merisoarele uscate sau cirese.
f) Dacă doriți, presărați un praf de sare de mare deasupra pentru un contrast dulce și sărat.
g) Pune foaia de copt la frigider pentru aproximativ 1 oră, sau până când ciocolata este întărită.
h) Odată fixată, spargeți coaja de ciocolată în bucăți și serviți ca o gustare sau desert delicioasă și îngăduitoare.

31. Creme de Menthe Fudge de ciocolată cu mentă

INGREDIENTE:
- 2 căni de chipsuri de ciocolată semidulce
- 1 cutie (14 uncii) de lapte condensat îndulcit
- 2 linguri de unt
- 1/4 cană lichior Creme de Menthe
- 1 lingurita extract de vanilie
- 1/2 cana nuci tocate (optional)

INSTRUCȚIUNI:
a) Tapetați o tavă de copt de 8 x 8 inci cu hârtie de copt, lăsând niște surplus pe părțile laterale pentru a o îndepărta mai târziu.
b) Într-o cratiță, combinați chipsurile de ciocolată, laptele condensat îndulcit și untul la foc mic. Se amestecă continuu până se topește și se omogenizează.
c) Scoateți cratița de pe foc și amestecați lichiorul Creme de Menthe și extractul de vanilie până se omogenizează bine.
d) Dacă folosiți nuci, amestecați-le în amestecul de fudge.
e) Turnați amestecul de fudge în tava de copt pregătită și întindeți-l uniform cu o spatulă.
f) Dați fudge-ul la frigider pentru cel puțin 2 ore sau până când este ferm.
g) Odată așezat, folosiți hârtie de pergament pentru a ridica fudge-ul din vas. Tăiați-l în pătrate și serviți.

32. Creme de Menthe Covrigi acoperiți cu ciocolată:

INGREDIENTE:
- Tijele de covrig sau mini covrigei
- 1 cană chipsuri de ciocolată semidulce
- 1/4 cană lichior Creme de Menthe
- Bomboane sau stropi de mentă zdrobite pentru garnitură (opțional)

INSTRUCȚIUNI:
a) Tapetați o foaie de copt cu hârtie ceară.
b) Într-un castron sigur pentru cuptorul cu microunde, topiți fulgii de ciocolată la intervale de 30 de secunde, amestecând între fiecare interval, până se omogenizează.
c) Se amestecă lichiorul Creme de Menthe până se combină bine.
d) Înmuiați fiecare tijă de covrig sau mini covrig în ciocolata topită, acoperindu-l pe jumătate. Scuturați excesul de ciocolată.
e) Puneți covrigii acoperiți cu ciocolată pe foaia de copt pregătită.
f) Dacă doriți, presărați bomboane de mentă zdrobite sau stropiți deasupra ciocolatei înainte de a se întări.
g) Dați covrigii la frigider pentru aproximativ 30 de minute, sau până când ciocolata este întărită.
h) Odată fixați, serviți covrigii acoperiți cu ciocolată Creme de Menthe ca o gustare dulce și sărată.

33. Creme de Menthe Popcorn cu ciocolată și mentă

INGREDIENTE:
- 8 cesti floricele de porumb (aproximativ 1/3 cana boabe nefocate)
- 1 cană chipsuri de ciocolată semidulce
- 1/4 cană lichior Creme de Menthe
- 1 lingura de unt
- 1/2 lingurita extract de menta
- Opțional: bomboane de mentă zdrobite pentru garnitură

INSTRUCȚIUNI:
a) Tapetați o tavă mare de copt cu hârtie de copt.
b) Puneți floricelele de porumb prăjite într-un castron mare, îndepărtând toate boabele nefocate.
c) Într-un castron sigur pentru cuptorul cu microunde, topește fulgii de ciocolată și untul la intervale de 30 de secunde, amestecând între fiecare interval, până când se omogenizează.
d) Se amestecă lichiorul Creme de Menthe și extractul de mentă până se combină bine.
e) Se toarnă amestecul de ciocolată peste floricele de porumb și se amestecă ușor pentru a se acoperi uniform.
f) Întindeți floricelele de porumb acoperite cu ciocolată într-un strat uniform pe foaia de copt pregătită.
g) Dacă doriți, presărați bomboane de mentă zdrobite peste floricele de porumb pentru un plus de aromă și decor mentă.
h) Lasă floricele e să stea la temperatura camerei până se întărește ciocolata.
i) Odată setate, spargeți floricelele de porumb în grupuri și serviți ca o gustare delicioasă și festivă.

34. Creme de Menthe Rice Krispie Treats

INGREDIENTE:
- 6 căni de cereale Rice Krispies
- 1 pachet (10 uncii) de bezele
- 3 linguri de unt nesarat
- 1/4 cană lichior Creme de Menthe
- Colorant alimentar verde (opțional)
- Chipsuri de ciocolată pentru stropire (opțional)

INSTRUCȚIUNI:
a) Într-o cratiță mare, topește untul la foc mic.
b) Adăugați marshmallows la untul topit și amestecați până se topesc complet și omogenizează.
c) Adăugați lichiorul Creme de Menthe și colorantul alimentar verde, dacă utilizați, până se combină bine.
d) Scoateți cratița de pe foc și adăugați rapid cerealele Rice Krispies până când sunt acoperite uniform.
e) Apăsați amestecul într-o tavă de copt unsă de 9 x 13 inci, folosind o spatulă sau hârtie ceară pentru a netezi partea de sus.
f) Dacă doriți, topiți chipsurile de ciocolată în cuptorul cu microunde și stropiți deasupra gusturilor Rice Krispie.
g) Lăsați dulceața să se răcească și să se stabilească la temperatura camerei timp de aproximativ 30 de minute înainte de a le tăia în pătrate.
h) Serviți și bucurați-vă de deliciile voastre delicioase Creme de Menthe Rice Krispie!

FORM PRINCIPAL

35. Salată de quinoa gintă

INGREDIENTE:
- 1 cană de quinoa, clătită și scursă
- 2 căni de apă
- ½ cană frunze de mentă proaspătă tocate
- ¼ cană pătrunjel proaspăt tocat
- ¼ cana ceapa rosie tocata
- ¼ cană castraveți tocați
- 2 linguri ulei de masline
- 2 linguri creme de menthe lichior
- Sare si piper dupa gust

INSTRUCȚIUNI:
a) Într-o oală, aduceți apa la fiert.
b) Se amestecă quinoa, apoi se reduce focul și se fierbe timp de 15-20 de minute, sau până când quinoa este fragedă și apa este absorbită.
c) Scoateți oala de pe foc și lăsați quinoa să se răcească timp de 5-10 minute.
d) Într-un castron mare, combinați quinoa fiartă, frunzele de mentă tocate, pătrunjelul tocat, ceapa roșie tocată și castravetele tocat.
e) Într-un castron separat, amestecați uleiul de măsline, lichiorul creme de menthe, sarea și piperul până se omogenizează bine.
f) Se toarnă dressingul peste salata de quinoa și se amestecă.
g) Serviți salata de quinoa cu mentă la temperatura camerei sau rece.

36. Creme de Menthe Glazed Somon

INGREDIENTE:
- 4 fileuri de somon
- Sare si piper dupa gust
- 1/4 cană lichior Creme de Menthe
- 2 linguri miere
- 2 linguri sos de soia
- 1 lingură muștar de Dijon
- 2 catei de usturoi, tocati
- 1 lingurita de ghimbir ras
- 1 lingura ulei de masline
- Pătrunjel proaspăt tocat pentru decor

INSTRUCȚIUNI:
a) Se condimentează fileurile de somon cu sare și piper pe ambele părți.
b) Într-un castron mic, amestecați lichiorul Creme de Menthe, mierea, sosul de soia, muștarul Dijon, usturoiul tocat și ghimbirul ras pentru a face glazura.
c) Încinge uleiul de măsline într-o tigaie la foc mediu-înalt. Adăugați fileurile de somon, cu pielea în jos și gătiți timp de 3-4 minute.
d) Întoarceți fileurile de somon și turnați peste ele glazura Creme de Menthe.
e) Gatiti inca 3-4 minute, sau pana cand somonul este fiert si glazura s-a ingrosat putin.
f) Serviți somonul fierbinte, ornat cu pătrunjel proaspăt tocat.

37. Risotto cu ciuperci cu creme de menthe

INGREDIENTE:
- 1 cană de orez Arborio
- 4 cesti supa de legume sau pui
- 1/4 cană lichior Creme de Menthe
- 2 linguri ulei de masline
- 1 ceapa, tocata marunt
- 2 catei de usturoi, tocati
- 8 uncii de ciuperci, feliate
- 1/4 cană parmezan ras
- Sare si piper dupa gust
- Pătrunjel proaspăt tocat pentru decor

INSTRUCȚIUNI:
a) Într-o cratiță, încălziți bulionul de legume sau de pui la foc mediu până se fierbe. Reduceți căldura la minim și mențineți cald.
b) Într-o tigaie sau o cratiță mare separată, încălziți uleiul de măsline la foc mediu. Adăugați ceapa tocată și gătiți până se înmoaie, aproximativ 5 minute.
c) Adăugați usturoiul tocat și ciupercile feliate în tigaie și gătiți până când ciupercile devin aurii și fragede, aproximativ 5-7 minute.
d) Se amestecă orezul Arborio și se fierbe timp de 1-2 minute, amestecând continuu, până când orezul este ușor prăjit.
e) Se toarnă lichiorul Creme de Menthe și se fierbe până când lichidul a fost absorbit, amestecând continuu.
f) Începeți să adăugați bulionul cald în amestecul de orez, câte o oală, amestecând constant și lăsând ca fiecare adaos de bulion să fie absorbit înainte de a adăuga mai mult. Continuați acest proces până când orezul devine cremos și fraged, aproximativ 20-25 de minute.
g) Se amestecă parmezanul ras și se condimentează cu sare și piper după gust.
h) Serviți risottoul cu ciuperci fierbinte, ornat cu pătrunjel proaspăt tocat.

38. Creme de Menthe Pui Alfredo

INGREDIENTE:
- 8 uncii fettuccine sau pastele preferate
- 2 piept de pui dezosati, fara piele, taiati in bucati mari
- Sare si piper dupa gust
- 2 linguri ulei de masline
- 2 catei de usturoi, tocati
- 1 cană smântână groasă
- 1/4 cană lichior Creme de Menthe
- 1/2 cană parmezan ras
- Pătrunjel proaspăt tocat pentru decor

INSTRUCȚIUNI:
a) Gatiti fettuccine conform instructiunilor de pe ambalaj pana al dente. Scurgeți și puneți deoparte.
b) Se condimentează bucățile de piept de pui cu sare și piper.
c) Încinge uleiul de măsline într-o tigaie mare la foc mediu. Adăugați bucățile de pui asezonate și gătiți până când devin aurii și sunt fierte, aproximativ 6-8 minute.
d) Adăugați usturoiul tocat în tigaie și gătiți încă un minut, până când este parfumat.
e) Se toarnă smântâna groasă și lichiorul Creme de Menthe, amestecând pentru a se combina. Aduceți amestecul la fiert.
f) Reduceți focul la mic și adăugați parmezanul ras până se topește și sosul s-a îngroșat puțin.
g) Adăugați fettuccine gătite în tigaie și amestecați până când sunt acoperite uniform cu sos.
h) Serviți puiul Alfredo Creme de Menthe fierbinte, ornat cu pătrunjel proaspăt tocat.

39. Muschiu de porc glazurat Creme de Menthe

INGREDIENTE:
- 2 muschii de porc
- Sare si piper dupa gust
- 1/4 cană lichior Creme de Menthe
- 2 linguri miere
- 2 linguri muștar de Dijon
- 2 catei de usturoi, tocati
- 1 lingura ulei de masline

INSTRUCȚIUNI:
a) Preîncălziți cuptorul la 375°F (190°C).
b) Asezonați muschii de porc cu sare și piper pe toate părțile.
c) Într-un castron mic, amestecați lichiorul Creme de Menthe, mierea, muștarul de Dijon și usturoiul tocat pentru a face glazura.
d) Se încălzește uleiul de măsline într-o tigaie sigură pentru cuptor, la foc mediu-mare. Adăugați muschii de porc și prăjiți pe toate părțile până se rumenesc, aproximativ 2-3 minute pe fiecare parte.
e) Ungeți glazura Creme de Menthe peste muschii de porc, rezervând câteva pentru ungere.
f) Transferați tigaia în cuptorul preîncălzit și prăjiți timp de 20-25 de minute sau până când temperatura internă a cărnii de porc atinge 145 °F (63 °C), ungeți cu glazură la jumătate.
g) Scoateți muschii de porc din cuptor și lăsați-le să se odihnească 5 minute înainte de a le feli.
h) Serviți feliile de muschi de porc glazurate fierbinți, stropite cu orice glazură rămasă.

40. Creme de Menthe Creveți Linguine

INGREDIENTE:
- 8 uncii paste linguine
- 1 kg de creveți mari, curățați și devenați
- Sare si piper dupa gust
- 2 linguri ulei de masline
- 2 catei de usturoi, tocati
- 1/4 cană lichior Creme de Menthe
- 1/2 cană smântână groasă
- 1/4 cană parmezan ras
- Pătrunjel proaspăt tocat pentru decor

INSTRUCȚIUNI:

a) Gatiti pastele linguine conform instructiunilor de pe ambalaj pana al dente. Scurgeți și puneți deoparte.
b) Asezonați creveții cu sare și piper.
c) Încinge uleiul de măsline într-o tigaie mare la foc mediu. Adăugați usturoiul tocat și gătiți până devine parfumat, aproximativ 1 minut.
d) Adăugați creveții condimentați în tigaie și gătiți până când devin roz și opac, aproximativ 2-3 minute pe fiecare parte. Scoateți creveții din tigaie și lăsați deoparte.
e) Deglazează tigaia cu lichiorul Creme de Menthe, răzuind bucățile rumenite de pe fund.
f) Amestecați smântâna groasă și aduceți amestecul la fiert. Gatiti pana se ingroasa usor, aproximativ 2-3 minute.
g) Întoarceți creveții gătiți în tigaie, împreună cu pastele linguine gătite. Se amestecă până când totul este bine acoperit în sos.
h) Se amestecă parmezanul ras până se topește și sosul este cremos.
i) Serviți linguine cu creveți Creme de Menthe fierbinți, ornat cu pătrunjel proaspăt tocat.

41. Se prăjește carne de vită Creme de Menthe

INGREDIENTE:
- 1 kg muschi de vita, feliat subtire
- 2 linguri sos de soia
- 1 lingura amidon de porumb
- 2 linguri ulei vegetal
- 2 catei de usturoi, tocati
- 1 ceapă, feliată
- 1 ardei gras, feliat
- 1 cană de mazăre de zăpadă
- 1/4 cană lichior Creme de Menthe
- Orez fiert pentru servire

INSTRUCȚIUNI:
a) Într-un castron, combinați mușchiul de vită feliat subțire cu sosul de soia și amidonul de porumb. Se amestecă până când carnea de vită este acoperită uniform și se lasă deoparte la marinat timp de 10-15 minute.
b) Încinge uleiul vegetal într-o tigaie mare sau wok la foc mare. Adăugați usturoiul tocat și gătiți timp de 30 de secunde.
c) Adăugați feliile de carne de vită marinate în tigaie într-un singur strat și gătiți până se rumenesc, aproximativ 2-3 minute pe fiecare parte. Scoateți carnea de vită din tigaie și lăsați-o deoparte.
d) În aceeași tigaie, adăugați ceapa feliată, ardeiul gras și mazărea de zăpadă. Se prăjește timp de 2-3 minute sau până când legumele sunt fragede.
e) Reveniți carnea de vită fiartă în tigaie și turnați lichiorul Creme de Menthe. Se prăjește încă 1-2 minute pentru a încălzi totul și a lăsa aromele să se topească.
f) Serviți crema de vită fierbinte peste orez fiert.

42. Paste de legume Creme de Menthe

INGREDIENTE:
- 8 uncii de paste la alegere
- 2 linguri ulei de masline
- 2 catei de usturoi, tocati
- 1 ceapă, tăiată cubulețe
- 2 cesti de legume asortate (cum ar fi ardei gras, dovlecei si rosii cherry), tocate
- Sare si piper dupa gust
- 1/4 cană lichior Creme de Menthe
- 1/2 cană smântână groasă
- 1/4 cană parmezan ras
- Busuioc proaspăt tocat pentru decor

INSTRUCȚIUNI:
a) Gatiti pastele conform instructiunilor de pe ambalaj pana al dente. Scurgeți și puneți deoparte.
b) Încinge uleiul de măsline într-o tigaie mare la foc mediu. Adăugați usturoiul tocat și ceapa tăiată cubulețe și gătiți până se înmoaie, aproximativ 5 minute.
c) Adăugați legumele tocate asortate în tigaie și gătiți până se înmoaie, aproximativ 5-7 minute. Se condimenteaza cu sare si piper dupa gust.
d) Deglazează tigaia cu lichiorul Creme de Menthe, răzuind bucățile rumenite de pe fund.
e) Amestecați smântâna groasă și aduceți amestecul la fiert. Gatiti pana se ingroasa usor, aproximativ 2-3 minute.
f) Adăugați pastele fierte în tigaie și amestecați până când sunt bine acoperite în sos.
g) Se amestecă parmezanul ras până se topește și sosul este cremos.
h) Serviți pastele de legume Creme de Menthe fierbinți, ornate cu busuioc proaspăt tocat.

DESERT ȘI DULCIURI

43. Grasshopper Brownies Supreme

INGREDIENTE:
- 1 cana unt nesarat
- 2 căni de zahăr granulat
- 4 ouă mari
- 1 lingurita extract de vanilie
- 1 cană de făină universală
- ½ cană pudră de cacao neîndulcită
- ¼ lingurita sare
- 1 cană chipsuri de ciocolată
- ½ cana nuci tocate (optional)
- ½ cană lichior de crème de menthe verde
- 2 căni de zahăr pudră
- ½ cană unt nesărat, înmuiat
- 2 linguri de lapte
- Colorant alimentar verde (optional)
- Ganache de ciocolată (opțional, pentru topping)

INSTRUCȚIUNI:

a) Preîncălziți cuptorul la 350 ° F și ungeți o tavă de copt de 9 x 13 inci.
b) Într-un castron sigur pentru cuptorul cu microunde, topește untul. Se adauga zaharul granulat si se amesteca bine.
c) Adăugați ouăle și extractul de vanilie la amestecul de unt și amestecați până se omogenizează.
d) Într-un castron separat, amestecați făina, pudra de cacao și sarea.
e) Adăugați treptat ingredientele uscate la ingredientele umede, amestecând până se combină.
f) Adăugați fulgii de ciocolată și nucile (dacă sunt folosite).
g) Turnați aluatul în tava de copt pregătită și întindeți-l uniform.
h) Coaceți 25-30 de minute, sau până când o scobitoare introdusă în centru iese cu câteva firimituri umede.
i) În timp ce brownies-urile sunt încă calde, faceți găuri pe toată suprafața folosind o furculiță.
j) Turnați lichiorul de crème de menthe peste brownies-urile calde, lăsându-i să se înmoaie.
k) Într-un castron, combinați zahărul pudră, untul moale, laptele și colorantul alimentar verde (dacă doriți). Bateți până devine omogen și cremos.
l) Întindeți glazura verde peste brownies-urile răcite.
m) Opțional, picurați ganache de ciocolată deasupra pentru o notă suplimentară.
n) Lăsați brownies-urile să se întărească înainte de a le tăia în pătrate.

44. Înghețată de mentă proaspătă de grădină

INGREDIENTE:
- 1½ cană de zahăr
- 1½ cană apă
- 1 cană ananas proaspăt; zdrobit fin
- 2 cesti frunze de menta; zdrobiți mărunt
- 1 cană sirop de porumb ușor
- 1 cană suc de ananas neîndulcit
- 2 cani de lapte
- 2 cesti smantana pentru frisca
- ¼ cană Cremă de mentă

INSTRUCȚIUNI:
a) Combinați zahărul și apa; gătiți și amestecați până când amestecul fierbe. Gatiti pana la stadiul de softball (235~).
b) Adăugați frunze de mentă; gătiți aproximativ 10 minute mai mult. Se ia de pe foc; încordare.
c) Adăugați sirop de porumb; lasa sa se raceasca.
d) Adăugați ingredientele rămase; congelați într-un congelator de înghețată rotit manual sau electric. Lasă să se coacă.

45. Placintă espresso cu ciocolată și mentă

INGREDIENTE:
- 2 cani de fursecuri vegane cu ciocolata sau fursecuri cu sandvici cu ciocolata cu aroma de menta
- 1 pachet (12 uncii) de chipsuri de ciocolată semidulce vegană
- 1 pachet (12,3 uncii) de tofu ferm de mătase, scurs și mărunțit
- 2 linguri sirop de arțar pur sau nectar de agave
- 2 linguri lapte de soia simplu sau vanilat
- 2 linguri crème de menthe
- 2 lingurițe pudră espresso instant

INSTRUCȚIUNI:
a) Preîncălziți cuptorul la 350°F. Unge ușor o farfurie de plăcintă de 8 inci și pune deoparte.
b) Dacă folosiți prăjituri tip sandwich, despărțiți-le cu grijă, păstrând umplutura de cremă într-un bol separat. Se macină fin fursecurile într-un robot de bucătărie. Adăugați margarina vegană și pulsați până se încorporează bine.
c) Apăsați amestecul de pesmet în fundul tigaii pregătite. Coaceți timp de 5 minute. Dacă folosiți prăjituri tip sandwich, cât timp crusta este încă fierbinte, întindeți umplutura de cremă rezervată peste crusta. Se lasa deoparte la racit, timp de 5 minute.
d) Topiți fulgii de ciocolată într-un boiler sau cuptor cu microunde. Pus deoparte.
e) Într-un blender sau robot de bucătărie, combinați tofu, siropul de arțar, laptele de soia, crema de menthe și pudra de espresso. Procesați până la omogenizare
f) Amestecați ciocolata topită în amestecul de tofu până când se încorporează complet. Întindeți umplutura în crusta pregătită. Dati la frigider cel putin 3 ore pentru a se intari inainte de servire.

46. Creme De Menthe Parfait

INGREDIENTE:
- 3 căni de bezele miniaturale
- ½ cană de lapte
- Cremă verde de mentă
- 1 cană Chips de ciocolată semi-dulce
- ¼ cană zahăr pudră
- 1½ cană smântână pentru frișcă
- Frunze de mentă bomboane SAU- mentă proaspătă

INSTRUCȚIUNI:
a) Într-o cratiță medie, combinați bezele și laptele. Gatiti la foc mic, amestecand continuu pana cand bezele se topesc si amestecul este omogen.
b) Într-un castron mic, turnați 1 cană de amestec de marshmallow. Se amestecă crema de mentă și se lasă deoparte.
c) Adăugați fulgi de ciocolată și zahăr pudră în amestecul de marshmallow rămas în cratiță. Puneți cratita la foc mic și amestecați constant până când chipsurile se topesc. Se ia de pe foc și se răcește la temperatura camerei.
d) Într-un castron mare, bate smântâna pentru frișcă până se întărește și pliază 1-½ cani în amestecul de mentă. Puneți frișca rămasă în amestecul de ciocolată.
e) Alternativ, puneți amestecurile de ciocolată și mentă în pahare de parfait.
f) Dă la frigider până se răcește sau pune la congelator până se întărește. Se ornează după dorință.

47. cu crema de menta

INGREDIENTE:
- Pachet de 250 g biscuiti Oreo
- 30 g unt nesarat topit
- 40 ml (2 linguri) cremă de mentă
- Câteva picături de colorant alimentar verde
- 1L inghetata de vanilie
- 30 g ciocolată neagră, topită

INSTRUCȚIUNI:
a) Preîncălziți cuptorul la 180°C.
b) Pune biscuitii intr-un robot de bucatarie si proceseaza pana se fac pesmet fin.
c) Adăugați untul topit și amestecați.
d) Puneți șase forme rotunde de 10 x 4 cm pe o tavă de copt plată.
e) Împachetați firimiturile de biscuiți în baza fiecărei forme, lăsând un amestec să vină la jumătatea părților laterale.
f) Coaceți la cuptor timp de cinci minute, apoi răciți complet.
g) Adăugați crema de mentă și colorantul alimentar la amestecul de înghețată de vanilie în timpul baterii finale sau chiar înainte de a termina agitarea într-o mașină de înghețată.
h) Dacă folosești înghețată cumpărată din magazin, înmoaie-o la frigider timp de 15 minute, apoi bate-ți cremă de mentă și colorant alimentar.
i) Umpleți formele cu înghețată infuzată cu creme de menthe și neteziți blaturile.
j) Congelați până la fermitate.
k) Spălați și uscați bine frunzele.
l) Ungeți partea inferioară a frunzelor cu ciocolată topită.
m) Dă la frigider până când ciocolata este tare.
n) Scoateți frunza și aruncați-o.
o) Pentru a servi, împingeți cu grijă prăjiturile cu înghețată din forme pe farfurii de servire.
p) Decorați-le cu frunze de ciocolată.

48.Creme de Menthe Mousse de ciocolată

INGREDIENTE:
- 6 uncii de ciocolată neagră, tocată
- ¾ cană lapte
- 3 linguri creme de menthe
- 1 lingurita extract de vanilie
- 2 căni de smântână groasă
- ¼ cană zahăr pudră

INSTRUCȚIUNI:
a) Într-un castron termorezistent, topește ciocolata neagră cu laptele la o fierbere dublă. Se amestecă până se omogenizează.
b) Luați de pe foc și adăugați crema de mentă și extractul de vanilie. Se lasa sa se raceasca la temperatura camerei.
c) Într-un castron separat, bateți smântâna groasă și zahărul pudră până se formează vârfuri tari.
d) Incorporati usor frisca in amestecul de ciocolata pana se omogenizeaza bine.
e) Turnați mousse-ul în pahare de servire și lăsați-l la frigider pentru cel puțin 2 ore.
f) Se ornează cu pudră de cacao sau așchii de ciocolată înainte de servire.

49. Creme de Menthe Ice Cream Float

INGREDIENTE:
- 2 linguri de inghetata de vanilie
- 1-2 linguri cremă de mentă
- 1 cană de sifon sau apă spumante
- Frisca pentru topping
- Așchii de ciocolată pentru decor

INSTRUCȚIUNI:
a) Pune două linguri de înghețată de vanilie într-un pahar înalt.
b) Se toarnă crema de mentă peste înghețată.
c) Turnați încet sifon sau apă spumante în pahar, lăsând spuma să se depună.
d) Se adaugă frișcă și se ornează cu așchii de ciocolată.
e) Serviți imediat cu un pai și o lingură lungă pentru un float de înghețată cu creme de menthe răcoritoare.

50. Cheesecake cu ciocolată Creme de Menthe

INGREDIENTE:
PENTRU CRASTĂ:
- 1 ½ cană firimituri de prăjituri de ciocolată
- ¼ cană unt nesărat, topit

PENTRU Umplutura de cheesecake:
- 24 uncii cremă de brânză, înmuiată
- 1 cană zahăr granulat
- 3 ouă mari
- 1 lingurita extract de vanilie
- ¼ cană cremă de mentă
- ½ cană chipsuri de ciocolată

INSTRUCȚIUNI:
a) Preîncălziți cuptorul la 325°F (163°C). Amestecați firimiturile de biscuiți de ciocolată cu untul topit și apăsați pe fundul unei tavi arcuite pentru a crea crusta.
b) Într-un castron mare, bate crema de brânză și zahărul până se omogenizează. Se adauga ouale pe rand, batand bine dupa fiecare adaugare.
c) Se amestecă extractul de vanilie și crema de mentă până se combină complet.
d) Încorporați fulgi de ciocolată și turnați amestecul peste crustă.
e) Coaceți timp de 50-60 de minute sau până se fixează centrul. Lăsați să se răcească înainte de a da la frigider pentru cel puțin 4 ore sau peste noapte.

51. Fondue de ciocolată Creme de Menthe

INGREDIENTE:
- 8 uncii de ciocolată neagră, tocată fin
- ½ cană smântână groasă
- 2 linguri creme de menthe
- Dippable asortate (capsuni, banane, marshmallows, covrigei)

INSTRUCȚIUNI:
a) Într-o oală pentru fondue sau într-un castron rezistent la căldură, combinați ciocolata neagră și smântâna groasă.
b) Se încălzește la foc mic, amestecând continuu până când ciocolata este topită și netedă.
c) Se amestecă crema de mentă până se omogenizează bine.
d) Păstrați fonduea caldă la foc mic.
e) Aranjați dippabilele asortate pe un platou de servire și înmuiați-le în fondue de ciocolată cu creme de menthe. Bucurați-vă!

52. Plăcintă de lime cu cremă de mentă

INGREDIENTE:
PENTRU CRASTĂ:
- 1 ½ cană de firimituri de biscuiți Graham
- ⅓ cană de unt topit
- ¼ cană zahăr granulat

PENTRU Umplutura:
- 1 cutie (14 uncii) lapte condensat îndulcit
- 4 gălbenușuri mari
- ½ cană suc proaspăt de lămâie
- Zeste de 2 lime

PENTRU CREMA DE MENTA:
- 1 cană smântână groasă
- 2 linguri de zahar pudra
- 1 lingură lichior Creme de Menthe

INSTRUCȚIUNI:

a) Preîncălziți cuptorul la 350°F (175°C).
b) Într-un castron, combinați firimiturile de biscuit Graham, untul topit și zahărul granulat. Apăsați amestecul pe fundul unui vas de plăcintă de 9 inci pentru a forma o crustă uniformă. Coaceți în cuptorul preîncălzit timp de 8-10 minute sau până când se rumenesc. Lăsați-l să se răcească în timp ce pregătiți umplutura.
c) Într-un castron mare, amestecați laptele condensat îndulcit, gălbenușurile de ou, sucul de lămâie și coaja de lămâie până se combină bine. Se toarnă amestecul în crusta răcită.
d) Coaceți plăcinta în cuptorul preîncălzit timp de 15-20 de minute sau până când umplutura se fixează. Ar trebui să aibă o ușoară vibrație în centru. Scoatem din cuptor si lasam sa se raceasca la temperatura camerei. Dați la frigider pentru cel puțin 4 ore sau peste noapte pentru a permite plăcintei să se întărească complet
e) Într-un bol de amestecare răcit, bateți smântâna grea până se formează vârfuri moi. Adăugați zahărul pudră și lichiorul Creme de Menthe, apoi continuați să bateți până când se formează vârfuri tari.
f) Întindeți frișca Creme de Menthe peste plăcinta de lime răcită chiar înainte de servire. Ornați cu coajă suplimentară de lime, dacă doriți.
g) Tăiați și serviți această plăcintă răcoritoare cu lime cu Creme de Menthe, savurând echilibrul perfect de lime acid și mentă rece la fiecare mușcătură. Este un răsfăț încântător pentru orice ocazie!

53.Sufleu Brownie cu crema de menta

INGREDIENTE:
- ⅔ cană smântână pentru frișcă
- 3 uncii de ciocolată albă; tocat mărunt
- ¼ de linguriță cremă de mentă lichior
- 1 pachet Pillsbury Rich & Moist Brownie Mix
- ½ cană apă
- ½ cană de ulei
- ½ linguriță extract de mentă (opțional)
- 4 ouă; separat
- Zahăr pudră
- Crengute de menta; pentru garnitură

INSTRUCȚIUNI:
a) arcuită de 9 sau 10 inchi cu spray de gătit antiaderent.
b) Pune crema la microunde la maxim 45-60 de secunde sau până se încălzește. Adăugați ciocolată albă și extract de mentă; se amestecă până se topește ciocolata.
c) Se da la frigider pentru cel putin o ora sau pana se raceste bine.
d) Între timp, în lge. bol, combinați amestecul de brownie, apa, uleiul, extractul de mentă și gălbenușurile de ou; bate 50 de lovituri cu o lingura. Într-un castron mic, bate albușurile până se formează vârfuri moi. Încorporați treptat în amestecul de brownie. Turnati aluatul în tava pulverizată.
e) Coaceți la 375° sau până când centrul este aproape fixat. Se răcește timp de 30 de minute. (Centru se va scufunda ușor.) Stropiți partea de sus a tortului cu zahăr pudră.
f) Chiar înainte de servire, bate crema de mentă răcită până se formează vârfuri moi. Tăiați prăjitura felii; acoperiți fiecare felie cu cremă de mentă. Se orneaza cu izvoare de mentă.

54.Inghetata de menta Oreo

INGREDIENTE:
- ⅔ cană biscuiți Oreo, tocat grosier
- 2 oua
- ¾ cană de zahár
- 2 cesti de frisca grea sau pentru frisca
- 1 cană de lapte
- 2 lingurițe creme de menthe lichior

INSTRUCȚIUNI:
a) Puneți fursecurile într-un bol, acoperiți-le și lăsați-le la frigider.
b) Bateți ouăle într-un castron până devin ușoare și pufoase, 1 până la 2 minute.
c) Se amestecă zahărul, puțin câte una și se bate în continuare până se omogenizează complet, încă aproximativ 1 minut.
d) Se toarnă smântâna și laptele, amestecând pentru a omogeniza. Adăugați lichiorul de creme de menthe și amestecați bine.
e) Transferați amestecul într-un aparat de înghețată și congelați, urmând instrucțiunile producătorului.
f) După ce înghețata se întărește, aproximativ 2 minute, adăugați prăjiturile tocate și continuați să congelați până când înghețata este gata.
g) Se lasa sa se coaca si sa se intareasca.

55. Mousse de cheesecake cu chip de mentă

INGREDIENTE:
- 13 Oreo obișnuite, zdrobite fin într-un robot de bucătărie
- 2 linguri de unt, topit
- 2 linguri apa rece
- 1 ½ linguriță pudră de gelatină
- 1 ½ cană de smântână groasă
- Două pachete de 8 uncii de cremă de brânză, înmuiată
- Colorant alimentar verde și galben
- 1 lingurita extract de menta
- ½ linguriță cremă de mentă lichior
- 1 ½ cană de zahăr pudră, împărțit
- Baton de 3½ uncii de ciocolată semidulce, tocat fin
- Frisca indulcita, frunze de menta si ciocolata tocata marunt pentru decor

INSTRUCȚIUNI:
a) Într-un castron amestecați Oreos zdrobit și untul, împărțiți amestecul în 8 căni mici de desert și presă ușor într-un strat uniform.
b) Adăugați apă într-un castron mic, apoi presărați gelatină uniform deasupra și lăsați să se odihnească timp de 5 - 10 minute.
c) Între timp, turnați smântână groasă într-un castron mediu și bateți până se formează vârfuri moi. Adăugați ¼ de cană de zahăr pudră și bateți până se formează vârfuri tari, lăsați deoparte.
d) Adăugați crema de brânză într-un castron separat și amestecați cu un mixer manual electric până devine omogen și pufos, aproximativ 2 minute. Adăugați restul de 1 ¼ cană de zahăr pudră și amestecați până se omogenizează.
e) Adăugați lichior de mentă și creme de menthe și colorant alimentar și amestecați până se omogenizează, lăsați deoparte.
f) Se încălzește amestecul de gelatină în cuptorul cu microunde la putere mare timp de 30 de secunde, apoi se scoate și se bate timp de 1 minut pentru a se asigura că se dizolvă bine.
g) Lăsați să se răcească timp de 3 minute, apoi turnați amestecul de gelatină în amestecul de cremă de brânză și amestecați imediat cu un mixer manual pentru a se combina.
h) Adăugați amestecul de frișcă și ciocolata tocată la amestecul de brânză cremă și amestecați până când se combină uniform.
i) Se toarnă amestecul în șarje într-o pungă și se toarnă mousse peste stratul de crustă Oreo. Răciți timp de 3 ore.
j) Se servește rece și, dacă se dorește, smântână îndulcită deasupra, se ornează cu mentă și ciocolată tocată.

56.Tort gelato cu bezea cu bezea

INGREDIENTE:
- ½ cană de bezele
- 20 g ciocolată neagră (70%)
- 100 g bezea gata preparată
- 1 ¼ cană de smântână groasă
- 2-4 linguri creme de menthe lichior
- Menta proaspata sau nuca de cocos ras prajita, pentru decor

INSTRUCȚIUNI:
a) Tapetați o tavă de pâine de 13 x 23 cm cu folie de plastic. Asigurați-vă că lăsați câțiva cm de plastic deasupra părților laterale.
b) Tăiați ciocolata.
c) Zdrobiți bezeaua într-un crumble. Încercați să faceți acest lucru rapid, deoarece bezeaua va prelua umezeala din aer și va deveni lipicioasă.
d) Într-un castron mare, bateți smântâna grea până la vârfuri moi. Adăugați creme de menthe, apoi bateți din nou câteva secunde până când vârfurile moi revin.
e) Adăugați marshmallows și ciocolata în bol și amestecați-le ușor în cremă. Adăugați bezeaua și pliați din nou ușor. Turnați totul în tava de pâine și dați-i câteva lovituri moi de blat, astfel încât conținutul să se așeze și să se distribuie. Îndoiți plasticul peste partea de sus a prăjiturii, apoi înfășurați forma într-un alt strat de folie de plastic. Pune tortul peste noapte la congelator.
f) Pentru a servi, folosiți plasticul în sus pentru a trage prajitura din tavă. Felați și acoperiți cu crenguțe de mentă sau, mai bine, un strop de nucă de cocos ras prăjită. Este o prăjitură moale cu cremă, așa că devorează-l imediat.

57. Creme de Menthe Chocolate Trifle

INGREDIENTE:
- 1 cutie de amestec de tort de ciocolata (plus ingredientele necesare pentru preparare)
- 1 pachet (3,9 uncii) amestec de budincă de ciocolată instant
- 2 cani de lapte rece
- 1/4 cană lichior Creme de Menthe
- 2 cesti de frisca sau de topping
- Așchii de ciocolată sau ciocolată rasă pentru ornat

INSTRUCȚIUNI:
a) Pregătiți amestecul de tort de ciocolată conform instrucțiunilor de pe ambalaj și coaceți-l într-o tavă de copt de 9x13 inci. Lăsați-l să se răcească complet, apoi tăiați-l în cuburi.
b) Într-un castron, amestecați amestecul instant de budincă de ciocolată și laptele rece până se îngroașă.
c) Se amestecă lichiorul Creme de Menthe până se combină bine.
d) În pahare de servire sau într-un fel de mâncare, așezați cuburile de tort de ciocolată, amestecul de budincă de ciocolată și frișca, repetând straturile până se epuizează ingredientele.
e) Ornați partea de sus a fleacului cu așchii de ciocolată sau ciocolată rasă.
f) Pune fleacul la frigider pentru cel puțin 1 oră înainte de servire pentru a permite aromelor să se îmbine.
g) Serviți rece și bucurați-vă de fleacul de ciocolată Creme de Menthe!

58. Creme de Menthe Grasshopper Pie

INGREDIENTE:
- 1 crustă de prăjituri de ciocolată prefabricată (9 inchi).
- 1 pachet (8 uncii) cremă de brânză, înmuiată
- 1/2 cană zahăr pudră
- 1/4 cană lichior Creme de Menthe
- 1/4 cană lichior Creme de Cacao
- Colorant alimentar verde (opțional)
- 1 cană smântână groasă, bătută
- Așchii de ciocolată pentru garnitură (opțional)

INSTRUCȚIUNI:
a) Într-un castron, bateți crema de brânză și zahărul pudră până devine omogen și cremos.
b) Adăugați treptat lichiorurile Creme de Menthe și Creme de Cacao, amestecând până se omogenizează bine. Adăugați colorant alimentar verde, dacă doriți, pentru a obține o culoare verde vibrantă.
c) Încorporați frișca până se încorporează uniform.
d) Se toarnă amestecul în crusta de biscuiți cu ciocolată și se netezește blatul cu o spatulă.
e) Dă plăcinta la frigider pentru cel puțin 4 ore sau până când se fixează.
f) Inainte de servire, se orneaza placinta cu ciocolata, daca se doreste.
g) Tăiați și serviți rece. Savurați plăcinta cu lăcuste cu Creme de Menthe!

59. Biscuiți cu ciocolată Creme de Menthe

INGREDIENTE:
- 1 cană (2 batoane) unt nesărat, înmuiat
- 3/4 cană zahăr granulat
- 3/4 cană zahăr brun la pachet
- 2 oua
- 1 lingurita extract de vanilie
- 1/4 cană lichior Creme de Menthe
- 3 căni de făină universală
- 1 lingurita bicarbonat de sodiu
- 1/2 lingurita sare
- 1 1/2 cani chipsuri de ciocolata semidulce

INSTRUCȚIUNI:
a) Preîncălziți cuptorul la 375°F (190°C). Tapetați o foaie de copt cu hârtie de copt.
b) Într-un castron mare, cremă împreună untul înmuiat, zahărul granulat și zahărul brun până devine ușor și pufos.
c) Bateți ouăle, pe rând, urmate de extractul de vanilie și lichiorul Creme de Menthe.
d) Într-un castron separat, amestecați făina, bicarbonatul de sodiu și sarea.
e) Adăugați treptat ingredientele uscate la ingredientele umede, amestecând până se combină.
f) Se amestecă fulgii de ciocolată până se distribuie uniform în aluatul de biscuiți.
g) Puneți bile de aluat de mărimea unei linguri pe foaia de copt pregătită, distanțandu-le la aproximativ 2 inci.
h) Coaceți timp de 9-11 minute, sau până când fursecurile devin maro auriu pe margini.
i) Lăsați fursecurile să se răcească pe tava de copt câteva minute înainte de a le transfera pe un grătar pentru a se răci complet.
j) Bucurați-vă de prăjiturile cu ciocolată Creme de Menthe cu un pahar de lapte sau o ceașcă de cafea!

CONDIMENTE

60. Creme de Menthe Sos de mentă

INGREDIENTE:
- 1/2 cană frunze de mentă proaspătă, tocate
- 1/4 cană lichior Creme de Menthe
- 2 linguri miere
- 1 lingura suc de lamaie
- Sare si piper dupa gust

INSTRUCȚIUNI:
a) Într-o cratiță mică, combinați frunzele de mentă proaspătă tocate, lichiorul Creme de Menthe, mierea și sucul de lămâie.
b) Aduceți amestecul la fiert la foc mediu, amestecând din când în când.
c) Gatiti 3-5 minute, sau pana cand sosul s-a ingroasat usor.
d) Scoateți cratita de pe foc și lăsați sosul să se răcească la temperatura camerei.
e) Se condimenteaza cu sare si piper dupa gust.
f) Serviți sosul de mentă Creme de Menthe cu miel, pui sau legume la grătar.

61. Creme de Menthe Jeleu de mentă

INGREDIENTE:
- 2 cesti frunze de menta proaspata
- 1/4 cană apă
- 1/4 cană lichior Creme de Menthe
- 1/2 cană zahăr granulat
- 1 lingura suc de lamaie
- 1 pachet (3 uncii) de pectină lichidă de fructe

INSTRUCȚIUNI:
a) Într-un robot de bucătărie, amestecați frunzele de mentă proaspătă cu apă până se toacă mărunt.
b) Transferați frunzele de mentă tăiate într-o cratiță și adăugați lichiorul Creme de Menthe, zahărul granulat și sucul de lămâie.
c) Aduceți amestecul la fierbere la foc mediu-mare, amestecând până se dizolvă zahărul.
d) Reduceți focul la mic și fierbeți timp de 10-15 minute, amestecând din când în când.
e) Scoateți cratița de pe foc și lăsați amestecul să se răcească puțin.
f) Se strecoară amestecul printr-o sită cu plasă fină într-o cratiță curată, apăsând pe solide pentru a extrage cât mai mult lichid.
g) Reveniți lichidul strecurat în cratiță și aduceți-l la fiert la foc mediu-înalt.
h) Se amestecă pectina lichidă din fructe și se fierbe timp de 1 minut, amestecând constant.
i) Scoateți cratița de pe foc și lăsați jeleul de mentă să se răcească câteva minute.
j) Transferați jeleul de mentă în borcane sterilizate și sigilați bine.
k) Dați borcanele la frigider până când jeleul se întărește.
l) Serviți jeleul de mentă Creme de Menthe ca condiment cu miel, carne de porc sau ca glazură pentru deserturi.

62. Creme de Menthe Pesto de mentă

INGREDIENTE:
- 2 cesti frunze de menta proaspata
- 1/4 cană lichior Creme de Menthe
- 1/4 cană nuci de pin prăjite sau migdale
- 2 catei de usturoi
- 1/4 cană parmezan ras
- 1/2 cană ulei de măsline extravirgin
- Sare si piper dupa gust

INSTRUCȚIUNI:
a) Într-un robot de bucătărie, combinați frunzele proaspete de mentă, lichiorul Creme de Menthe, nucile de pin prăjite sau migdalele, usturoiul și parmezanul.
b) Pulsați până când ingredientele sunt tocate mărunt și bine combinate.
c) Cu robotul de bucătărie în funcțiune, stropiți încet uleiul de măsline până când pesto-ul ajunge la consistența dorită.
d) Se condimentează cu sare și piper după gust și se mai bate de câteva ori pentru a se combina.
e) Transferați pesto de mentă Creme de Menthe într-un borcan sau recipient și păstrați-l la frigider.
f) Servește pesto de mentă ca condiment pentru carnea la grătar, legumele prăjite sau ca un tartinat pentru sandvișuri și wrap-uri.

63. Creme de Menthe Mint Chimichurri

INGREDIENTE:
- 1 cană frunze de pătrunjel proaspăt
- 1/2 cană frunze de mentă proaspătă
- 1/4 cană lichior Creme de Menthe
- 2 catei de usturoi
- 1/4 cană oțet de vin roșu
- 1/2 cană ulei de măsline extravirgin
- Sare si piper dupa gust

INSTRUCȚIUNI:
a) Într-un robot de bucătărie sau blender, combinați frunzele de pătrunjel proaspăt, frunzele de mentă, lichiorul Creme de Menthe, usturoiul și oțetul de vin roșu.
b) Pulsați până când ierburile sunt tocate mărunt.
c) Cu robotul de bucătărie în funcțiune, stropiți încet uleiul de măsline până când chimichurri-ul atinge consistența dorită.
d) Se condimentează cu sare și piper după gust și se mai bate de câteva ori pentru a se combina.
e) Transferați chimichurri cu mentă Creme de Menthe într-un borcan sau recipient și păstrați-l la frigider.
f) Serviți chimichurri cu mentă ca condiment pentru friptură la grătar, pui, pește sau legume prăjite.

64. Creme de Menthe Mint Salsa

INGREDIENTE:
- 2 roșii coapte, tăiate cubulețe
- 1/2 cană ceapă roșie tăiată cubulețe
- 1/4 cană coriandru proaspăt tocat
- 2 linguri frunze de menta proaspata tocate
- 1 ardei jalapeño, fără semințe și tăiat cubulețe
- Suc de 1 lime
- 2 linguri de lichior Creme de Menthe
- Sare si piper dupa gust

INSTRUCȚIUNI:
a) Într-un castron, combinați roșiile tăiate cubulețe, ceapa roșie, coriandru, frunzele de mentă și ardeiul jalapeño tăiat cubulețe.
b) Stropiți sucul de lămâie și lichiorul Creme de Menthe peste amestecul de salsa.
c) Se condimentează cu sare și piper după gust și se amestecă.
d) Lăsați salsa să stea la temperatura camerei timp de aproximativ 15-20 de minute pentru a permite aromelor să se topească.
e) Gustați și ajustați condimentele dacă este necesar.
f) Serviți salsa de mentă Creme de Menthe cu chipsuri tortilla, carne la grătar sau ca topping pentru tacos și burritos.

65. Dip pesto de mentă

INGREDIENTE:
- 1 cană frunze de mentă proaspătă
- ¼ cană nuci de pin
- ¼ cană parmezan ras
- ¼ cană ulei de măsline
- Suc de ½ lămâie
- Sare si piper dupa gust
- Asortate de legume și biscuiți pentru servire

INSTRUCȚIUNI:
a) Într-un robot de bucătărie, amestecați frunzele de mentă, nucile de pin, parmezanul, uleiul de măsline, lichiorul de cremă de mentă, sare și piper până se omogenizează.
b) Transferați dip-ul pesto într-un castron și serviți cu legume și biscuiți asortate.
c) Bucurați-vă!

66.Sos de iaurt cu mentă

INGREDIENTE:
- 1 cană iaurt simplu grecesc
- ¼ cană frunze de mentă proaspătă tocate
- 1 catel de usturoi, tocat
- 1 lingura lichior de creme de menthe
- Sare si piper dupa gust

INSTRUCȚIUNI:
a) Într-un castron, amestecați iaurtul grecesc, frunzele de mentă tocate, usturoiul tocat și lichiorul de creme de menthe până se combină bine.
b) Asezonați sosul de iaurt cu mentă cu sare și piper după gust.
c) Servește sosul de iaurt cu mentă ca condiment cu carne la grătar și legume prăjite sau ca o baie pentru chipsuri sau legume.

67. Aioli de mentă

INGREDIENTE:
- ½ cană maioneză
- ¼ cană frunze de mentă proaspătă tocate
- 1 catel de usturoi, tocat
- 1 lingura lichior de creme de menthe
- Sare si piper dupa gust

INSTRUCȚIUNI:
a) Într-un castron, amestecați maioneza, frunzele de mentă tocate, usturoiul tocat și chiorul de creme de menthe până se omogenizează bine.
b) Asezonați aioli cu mentă cu sare și piper, după gust.
c) Servește aioli cu mentă ca condiment cu legume prăjite și carne la grătar sau ca o baie pentru cartofi prăjiți.
d) Bucurați-vă!

68. Muștar de mentă

INGREDIENTE:
- 6 linguri menta proaspata tocata
- 3 linguri de maioneza
- ¾ cană muştar de Dijon
- 1 căţel de usturoi -tocat
- creme de menthe proaspata

INSTRUCŢIUNI:
a) Într-un castron mic, amestecaţi toate ingredientele.
b) Păstraţi într-un borcan sau recipient cu un capac etanş.
c) Se da la frigider pana este gata de utilizare.

COCKTAILURI

69. Cocktail Tequila degerat

INGREDIENTE:
- 1 ½ uncie tequila
- lichior curaçao albastru
- ½ uncie de lichior de cremă de cacao albă
- ½ uncie de smântână
- Cireșe Luxardo , pentru decor

INSTRUCȚIUNI:
a) Într-un shaker de cocktail, turnați tequila, curaçao albastru , crema de cacao și smântâna. Umpleți cu gheață.
b) Se strecoară într-un pahar de modă veche umplut cu gheață.
c) Se ornează cu o cireșă. Serviți și savurați.

70.Băutură Oreo cu ciocolată și mentă

INGREDIENTE:
- 3 linguri de inghetata de vanilie
- 2 fursecuri Oreo, zdrobite
- 2 Andes Creme de Menthes
- 10 uncii gheață zdrobită
- 1¼ uncie cremă albă de mentă
- 1¼ uncie cremă albă de cacao

INSTRUCȚIUNI:
a) Se toarnă într-un blender și se mixează timp de două minute la viteză mare.

71. Aniversare Creamy Delight

INGREDIENTE:
- 1 uncie de cremă de mentă
- 1 uncie de cremă
- 1 ½ linguriță nectar ușor de agave
- 2 linguri sirop de ciocolata
- 10 frunze de mentă

INSTRUCȚIUNI:
a) Într-un shaker de cocktail, amestecați menta și nectarul de agave.
b) Se amestecă toate ingredientele într-un shaker și se toarnă.
c) Servi

72. Shots de înghețată Creme de Menthe

INGREDIENTE:
- 2 căni de smântână pentru frișcă
- 14 uncii lapte condensat îndulcit
- 1 cană așchii de ciocolată sau fulgi de ciocolată semidulce
- ⅓ cană Creme de Menthe

INSTRUCȚIUNI:
a) Amestecați laptele condensat îndulcit și Creme de Menthe într-un mixer până se combină.
b) Se toarnă smântâna grea pentru frișcă și se amestecă la foc mediu până când se formează vârfuri moi în amestec, apoi se adaugă așchii de ciocolată până când se combină.
c) Transferați amestecul într-un recipient sigur pentru congelator cu un capac și congelați timp de 8 ore.

73. Ceața Londrei

INGREDIENTE:
- 1 uncie cremă albă de mentă
- 1 uncie anason
- Strop de bitter Angostura

INSTRUCȚIUNI:
a) Umpleți agitatorul de cocktail cu gheață.
b) Adăugați crema de mentă, anason și bitter.
c) Scutura.
d) Se strecoară într-un pahar de cocktail.

74. Stinger

INGREDIENTE:
- 1 ½ uncie coniac
- ½ uncie cremă albă de mentă

INSTRUCȚIUNI:
a) Umpleți agitatorul de cocktail cu gheață.
b) Adăugați coniac și crema de mentă.
c) Se amestecă.
d) Se strecoară într-un pahar de cocktail răcit.

75.frumusete americana

INGREDIENTE:
- ¾ uncie coniac
- ¾ uncie vermut uscat
- ½ uncie grenadină
- ¾ uncie suc de portocale
- ½ uncie cremă de mentă

INSTRUCȚIUNI:
a) Umpleți agitatorul de cocktail cu gheață.
b) Adăugați coniac, vermut uscat, grenadină, suc de portocale și cremă de mentă.
c) Scutura.
d) Se strecoară într-un pahar de cocktail răcit.

76.Ridică-te Iubirea Mea

INGREDIENTE:
- 1 lingurita crema de menta
- Șampanie rece

INSTRUCȚIUNI:
a) Turnați crema de mentă într-un flaut de șampanie.
b) Top cu șampanie.

77. Monte Carlo

INGREDIENTE:
- 1 ½ uncie de gin
- ¾ uncie de cremă de mentă
- ¾ uncie suc de lămâie
- Șampanie

INSTRUCȚIUNI:
a) Umpleți agitatorul de cocktail cu gheață.
b) Adăugați gin, crème de menthe și sucul de lămâie.
c) Scutura.
d) Se strecoară într-un pahar highball cu gheață.
e) Umpleți cu șampanie.

78. Pall Mall Martini

INGREDIENTE:
- 2 uncii de gin
- ½ uncie de vermut uscat
- ½ uncie de vermut dulce
- 1 lingurita crema de menta alba
- Dash bitter de portocale

INSTRUCȚIUNI:
a) Umpleți agitatorul de cocktail cu gheață.
b) Adăugați gin, vermuturi, crème de menthe și bitter.
c) Se amestecă.
d) Se strecoară într-un pahar de martini răcit.

79. Aisberg

INGREDIENTE:
- 2 uncii de gin
- Dash cremă albă de mentă

INSTRUCȚIUNI:
a) Umpleți agitatorul de cocktail cu gheață.
b) Adăugați gin și crema de mentă.
c) Scutura.
d) Se strecoară într-un pahar de martini răcit.
e) Se ornează cu mentă proaspătă.

80. Mint Patty Martini

INGREDIENTE:
- 3 uncii de vodcă cu piper
- 2 uncii de cremă albă de mentă
- 1 mentă Starlight
- 1 uncie lichior de ciocolată neagră
- 1 lingură schnaps de mentă

INSTRUCȚIUNI:
a) Umpleți agitatorul de cocktail cu gheață.
b) Adaugă vodcă cu piper, cremă de mentă și mentă Starlight.
c) Lăsați agitatorul să stea timp de un minut.
d) Scutura.
e) Adăugați lichior de ciocolată neagră.
f) Scutura.
g) Se strecoară în două pahare de martini răcite.
h) Acoperiți fiecare pahar cu jumătate din schnaps de mentă.

81. Lăcustă zburătoare

INGREDIENTE:
- ¾ uncie de cremă de mentă
- ¾ uncie cremă de cacao
- ¾ uncie de vodcă

INSTRUCȚIUNI:
a) Umpleți shakerul cu gheață.
b) Adăugați cremă de mentă, cremă de cacao și vodcă.
c) Se amestecă.
d) Se strecoară într-un pahar cordial.

82. Mocha Frappe mixt

INGREDIENTE:
- ¾ uncie lichior de cafea
- ¼ uncie cremă albă de mentă
- ¼ uncie cremă de cacao
- ¼ uncie triple sec
- Zahăr

INSTRUCȚIUNI:
a) Turnați lichior de cafea, cremă de mentă, cremă de cacao și triple sec în shaker.
b) Se amestecă fără gheață.
c) Umpleți un pahar de șampanie cu farfurie adâncă cu ramă de zahăr cu gheață pisată.
d) Se toarnă amestecul peste gheață.

83.Lăcustă de cafea

INGREDIENTE:
- ¾ uncie lichior de cafea
- ¾ uncie cremă albă de mentă
- ¾ uncie smântână

INSTRUCȚIUNI:
a) Umpleți agitatorul de cocktail cu gheață.
b) Adăugați lichior de cafea, cremă albă de mentă și smântână.
c) Scutura.
d) Se strecoară într-un pahar de cocktail răcit.

84. Frappe complet alb

INGREDIENTE:
- ½ uncie anason
- ¼ uncie cremă albă de mentă
- ½ uncie cremă de cacao
- 1 lingurita suc de lamaie

INSTRUCȚIUNI:
a) Se toarnă anason, cremă de mentă, cremă de cacao și sucul de lămâie în shaker.
b) Se amestecă fără gheață.
c) Se toarnă peste gheață pisată într-o farfurie adâncă de pahar de șampanie.

85. Îngerul irlandez

INGREDIENTE:
- ¾ uncie de whisky irlandez
- ¼ uncie cremă de cacao
- ¼ uncie cremă albă de mentă
- 1 ½ uncie smântână groasă

INSTRUCȚIUNI:
a) Umpleți shakerul cu gheață.
b) Adăugați whisky, crème de cacao, crème de menthe și smântână.
c) Scutura.
d) Se strecoară într-un pahar de cocktail răcit sau într-un pahar de modă veche cu gheață.

86. Bushmills Irish Coffee

INGREDIENTE:
- 1 ½ uncie de whisky irlandez Bushmills
- 1 lingurita zahar brun (optional)
- 1 strop Creme de menthe, verde
- Cafea proaspătă extra tare
- Frisca

INSTRUCȚIUNI:
a) Turnați whisky într-o ceașcă de cafea irlandeză și umpleți cu cafea până la ½ inch din partea de sus. Adăugați zahăr după gust și amestecați. Acoperiți cu frișcă și stropiți deasupra creme de menthe.
b) Înmuiați marginea ceștii în zahăr pentru a acoperi marginea.

87. Lăcustă Cappuccino

INGREDIENTE:
- Un singur espresso
- ¼ cană smântână groasă, bătută
- 1½ linguriță cremă de cacao
- 1½ linguriță cremă de mentă
- 3 uncii lapte, fiert la abur
- Crenguta de menta proaspata, pentru decor
- Pudră de ciocolată îndulcită

INSTRUCȚIUNI:
a) Combinați espressoul, crème de menthe și crema de cacao într-un pahar.
b) Puneți 1½ uncie lapte aburit și 1½ uncie spumă de lapte.
c) Pune deasupra frișca și pudra de ciocolată și decorează cu o crenguță de mentă proaspătă.

88.Shake espresso cu mentă și cacao

INGREDIENTE:
- Un singur espresso
- ¼ de linguriță de cremă de mentă
- 1 lingura de inghetata de vanilie
- 1 lingurita crema de cacao

INSTRUCȚIUNI:
a) Combinați toate ingredientele într-un blender.
b) Pulsați timp de 15 până la 20 de secunde sau până la omogenizare.

89.Cafea Kahlúa Crème De Menthe

INGREDIENTE:
- ¼ cană smântână groasă, bătută
- ¾ ceasca de cafea
- 2 linguri crème de menthe
- 2 linguri Kahlúa
- Pudră de ciocolată îndulcită

INSTRUCȚIUNI:
a) Combinați Kahlúa și crema de menthe într-un pahar.
b) Se toarna cafeaua si se pune deasupra frisca si pudra de ciocolata.

90.Stinger de ciocolată

INGREDIENTE:
- 22 ml cremă albă de mentă
- 60 ml alcool de ciocolată

INSTRUCȚIUNI:
a) Se amestecă ingredientele cu gheață și se strecoară într-un pahar umplut cu gheață pisată. Decorați cu mentă.

91. Inger decazut

INGREDIENTE:
- 8 ml cremă verde de mentă
- 8 ml sirop de zahăr
- 30 ml suc de lamaie
- 60 ml London dry gin

INSTRUCȚIUNI:

a) Se agită ingredientele cu gheață și se strecoară într-un pahar răcit.
b) Decorați cu mentă.

92.Swizzle verde

INGREDIENTE:
- 8 ml sirop de zahăr
- 8 ml cremă de mentă albă
- 15 ml suc de lamaie
- 1 strop de bitter
- 60 ml rom alb deschis

INSTRUCTIUNI:
a) Turnați ingredientele în pahar.
b) Umpleți paharul cu gheață pisată și amestecați.

93.Shamrock

INGREDIENTE:
- 15 ml apă rece
- 15 ml Chartreuse verde
- 15 ml cremă verde de mentă
- 45 ml vermut uscat
- 45 ml whisky irlandez

INSTRUCȚIUNI:
a) Se agită ingredientele cu gheață și se strecoară într-un pahar răcit.
b) Decorați cu mentă.

94.Smoothie cu ciocolată cu mentă

INGREDIENTE:
- 1 banană
- 1 cană spanac
- ½ cană lapte de migdale vanilat neîndulcit
- ¼ cană frunze de mentă proaspătă
- 1 lingura miere
- ¼ de linguriță cremă de mentă lichior
- 1 lingura chipsuri de ciocolata

INSTRUCȚIUNI:
a) Într-un blender, combinați banana, spanacul, laptele de migdale, frunzele de mentă, mierea și lichiorul creme de menthe.
b) Se amestecă până la omogenizare.
c) Se toarnă într-un pahar și se amestecă fulgii de ciocolată.
d) Serviți imediat și bucurați-vă!

95. Ceai de mentă Boba

INGREDIENTE:
- 2 lingurițe din aroma de frunze de ceai la alegere
- 16 uncii de apă
- 5-6 uncii de perle de tapioca fierte
- 2-3 linguri de sirop creme de menthe
- 4-6 linguri din amestecul de ceai cu lapte praf
- Gheață la nevoie.

INSTRUCȚIUNI:
a) Fă-ți ceaiul.
b) Puneți 5 până la 6 uncii de perle de tapioca fierte în fundul ceștii.
c) Adăugați 2 până la 3 linguri de creme de menthe sirop la băutură.
d) Se toarnă ceaiul împreună cu laptele în ceașcă și se agită sau se amestecă.
e) Adăugați 4 până la 6 linguri de amestec de ceai cu lapte praf.
f) Adăugați gheață după cum este necesar.

96. Creme de Menthe Sparkler

INGREDIENTE:
- 1 uncie sirop Creme de Menthe
- 3 uncii de apă spumante sau de sifon
- 1/2 uncie suc proaspăt de lămâie
- Cuburi de gheata
- Roata de var pentru garnitura

INSTRUCȚIUNI:
a) Umpleți un pahar cu cuburi de gheață.
b) Se toarnă peste gheață siropul Creme de Menthe și sucul proaspăt de lămâie.
c) Acoperiți cu apă spumante sau sifon.
d) Se amestecă ușor pentru a se combina.
e) Se ornează cu o roată de lime.
f) Servește imediat și bucură-te de mocktail- ul tău răcoritor cu creme de menthe !

97. Creme de Menthe White Russian

INGREDIENTE:
- 1 1/2 uncii de vodcă
- 3/4 uncie lichior de cafea (cum ar fi Kahlúa)
- 3/4 uncie lichior Creme de Menthe
- 1 uncie smântână groasă
- Cuburi de gheata

INSTRUCȚIUNI:
a) Umpleți un pahar de roci cu cuburi de gheață.
b) Se toarnă vodca și lichiorul de cafea peste gheață.
c) Turnați încet lichiorul Creme de Menthe peste dosul unei linguri pentru a-l pune peste celelalte ingrediente.
d) Turnați ușor smântâna groasă peste dosul unei linguri pentru a crea un alt strat.
e) Creme de Menthe White Russian cremoasă și îngăduitoare !

98. Creme de Menthe Fizz

INGREDIENTE:
- 1 1/2 uncii de gin
- 1/2 uncie lichior Creme de Menthe
- 1/2 uncie suc de lamaie
- 1/2 uncie sirop simplu
- Apa minerala
- Răsucire de lămâie pentru decor

INSTRUCȚIUNI:
a) Umpleți un shaker cu gheață.
b) Adăugați ginul, lichiorul Creme de Menthe, sucul de lămâie și siropul simplu în shaker.
c) Agitați bine până se răcește.
d) Se strecoară amestecul într-un pahar umplut cu gheață.
e) Acoperiți cu apă sodă.
f) Se ornează cu o răsucire de lămâie.
g) Servește și bucură-te de cocktailul tău răcoritor Creme de Menthe fizz!

99. Creme de Menthe Daiquiri

INGREDIENTE:
- 2 uncii rom alb
- 3/4 uncie lichior Creme de Menthe
- 1 uncie suc proaspăt de lămâie
- 1/2 uncie sirop simplu
- Cuburi de gheata
- Roata de var pentru garnitura

INSTRUCȚIUNI:
a) Umpleți un shaker cu cuburi de gheață.
b) Adăugați romul alb, lichiorul Creme de Menthe, sucul proaspăt de lămâie și siropul simplu în shaker.
c) Agitați bine până se răcește.
d) Se strecoară amestecul într-un pahar de cocktail răcit.
e) Se ornează cu o roată de lime.
f) de Creme de Menthe daiquiri răcoritoare !

100. Creme de Menthe Margarita

INGREDIENTE:
- 2 uncii de tequila
- 3/4 uncie lichior Creme de Menthe
- 1 uncie suc proaspăt de lămâie
- 1/2 uncie triplu sec
- Cuburi de gheata
- Sare pentru bordurare (optional)
- Bucată de lămâie pentru garnitură

INSTRUCȚIUNI:
a) Dacă doriți, bordați marginea unui pahar de margarita cu sare frecând o bucată de lime în jurul marginii și scufundați-o în sare.
b) Umpleți paharul cu cuburi de gheață.
c) Într-un shaker de cocktail, combinați tequila, lichiorul Creme de Menthe, sucul proaspăt de lămâie și triple sec.
d) Adăugați gheață în agitator și agitați bine până se răcește.
e) Strecurați amestecul în paharul de margarita pregătit.
f) Se ornează cu o felie de lime.
g) Serviți și bucurați-vă de margarita Creme de Menthe vibrantă și aromată!

CONCLUZIE

Pe măsură ce ajungem la sfârșitul explorării noastre în domeniul bucătăriei crème de menthe, sper că vă simțiți inspirați să explorați mai mult versatilitatea și potențialul imaginativ al acestei prețuite lichior în propria bucătărie. Fie că amesteci cocktail-uri pentru întâlniri cu prietenii, creează deserturi somptuoase sau te aventurezi în tărâmul mâncărurilor savuroase, crème de menthe oferă oportunități nemărginite de experimentare și delectare culinară.

Îmi exprim sincera recunoștință pentru că m-ai însoțit în această expediție plină de gust. Fie ca eforturile tale culinare să fie îmbogățite de esența plină de viață și parfumul revigorant al cremei de mentă, infuzând fiecare creație nu doar cu gust, ci și cu o notă de prospețime mentă. Iată bucuria, mulțumirea și noile descoperiri culinare care vă așteaptă. Până când drumurile noastre se vor reîncrucișa, fie ca eforturile tale culinare să fie pline de fericire și viitoarele tale aventuri culinare să fie marcate de surprize încântătoare și arome delicioase.

www.ingramcontent.com/pod-product-compliance
Lightning Source LLC
Chambersburg PA
CBHW071904110526
44591CB00011B/1537